Les Cendres mêlées

Joseph Gourand

Les Cendres mêlées

Préface de Serge Klarsfeld

RÉCIT

FRANCE LOISIRS
123, boulevard de Grenelle, Paris

Édition du Club France Loisirs, Paris,
réalisée avec l'autorisation du Cherche Midi éditeur.

ISBN : 2-7441-0959-2

À mes enfants
et petits-enfants

PRÉFACE

Ce livre entre dans la catégorie des ouvrages exemplaires sur ce que fut la Shoah. Pas question ici de littérature. Si l'on veut vraiment savoir ce que fut la déportation et l'assassinat des familles juives, c'est le livre de Jo Gourand (Gourenzweig) qu'il faut lire. Si profond soit le message transmis par un déporté survivant parti sans les siens ; si talentueux soit la forme qu'il prend, ce témoignage n'atteindra jamais l'intensité de ceux qui avec des mots simples et sincères relatent non seulement leur propre calvaire physique et moral mais aussi la bestialité et la mort qui s'abattent sur les êtres chers déportés avec eux. Jo Gourand fait partie de ces 76 000 juifs happés de France vers ce trou noir qu'était Auschwitz-Birkenau ; mais il n'est pas parti seul : son père, sa mère, sa sœur et son frère aîné l'accompagnaient dans ce dernier grand convoi de Drancy du 31 juillet 1944.

La mémoire à vif de Jo a conservé intactes et lancinantes les images de la vie heureuse d'une famille juive de Belleville, immigrée de Pologne, devenue française, trahie par Vichy, torturée à mort par les nazis au terme de multiples péripéties entre Paris et Lyon, où le destin viendra les frapper pendant les cinq dernières minutes de l'Occupation. La guerre a fait alors de Jo, gamin de dix-sept ans, un adolescent volontaire, responsable, travaillant avec acharnement pour aider son père, tailleur. Jo adore son père et cet amour filial irradie son récit, lui conférant une intense chaleur humaine qui restera à jamais précieuse pour le lecteur pénétrant l'univers concentrationnaire avec Jo. Ce père adoré, qui dès l'arrivée au camp a perdu sa femme gazée ; qui a vu son fils aîné se suicider de désarroi et d'épuisement ; qui a vu Dieu rester sourd à ses prières et déserter Auschwitz ; qui a tenu les dernières semaines pour protéger le seul fils qui lui reste. Ce père adoré, Jo doit le laisser aller sans lui à la chambre à gaz pour laquelle il a été sélectionné. J'ai également perdu mon père à Auschwitz ; il s'est éloigné de moi pas à pas, jour après jour, quand j'espérais vainement son retour après la Libération. Mais Jo l'a perdu après une nuit serrés l'un contre l'autre ; le père réussit à convaincre le fils de ne pas le suivre et de s'obliger à tenter de survivre. « Pourquoi ? » lui demandait Jo. Pour fonder une famille ; pour perpétuer sa famille ; pour veiller sur sa plus jeune sœur cachée en France ; pour que les siens puissent vivre en lui jusqu'à son dernier souffle ; pour qu'il puisse peut-être leur donner une nouvelle et longue vie, grâce à ce livre qu'il a eu le courage d'écrire.

Au matin, Jo était orphelin mais, en cette nuit terrifiante, je crois que l'amour paternel et l'amour filial cherchant à vaincre la mort ont miraculeusement fait de Jo pour toujours un être différent ; un être devenu à la fois lui-même et son père en un seul homme. Désormais acharné à survivre, Jo surmontera toutes les épreuves les plus cruelles, les plus abjectes, les plus avilissantes de la lutte pour la vie dans les camps d'extermination. Jo décrit avec précision et une compréhension remarquable ces épreuves, les bourreaux qui les infligent, les victimes qui les subissent. Le lecteur ne sort pas indemne de cette plongée dans un univers maudit, mais il en comprendra peut-être mieux les règles et l'abomination, de même que les éclairs de grandeur humaine. Jo sera son guide plutôt que Primo Levi. L'itinéraire passera par les marches forcées, les wagons chargés de morts, d'autres camps, tel Flossenburg, parfois encore plus atroces que Birkenau. Il passera ensuite par la démence de l'Allemagne des derniers jours du nazisme, par les premiers jours palpitants et frénétiques de la Libération et de l'occupation française en Allemagne ; par le retour à Paris dans une autre jungle indifférente à celle d'où il émerge et qui le meurtrit d'une autre façon et l'enferme dans sa coquille ; enfin par la reconnaissance progressive à laquelle Jo se contraint pour répondre à l'appel de son père.

En conclusion, un très puissant témoignage sur l'univers concentrationnaire et sur ce qu'est l'homme ainsi que l'histoire à coup sûr exemplaire et qui deviendra, qui sont légendaires de ce père et de ce fils qui s'aiment tant que peut-être leur amour a été plus fort que la chambre à gaz.

Serge KLARSFELD.

AVANT-PROPOS

LE PETIT CAHIER

Le petit cahier d'écolier est posé, là, devant moi. Je le prends, feuillette la vingtaine de pages à l'encre délavée et le repose à même la table, écrasé par le poids de souvenirs trop lourds à porter pour une seule vie. Combien de fois l'ai-je ainsi ouvert depuis une trentaine d'années en me disant qu'il fallait que je continue à raconter ces interminables saisons durant lesquelles les nazis me nièrent la qualité d'être humain ? Mais les mots, même les plus crus, me semblent désincarnés pour exprimer ce que fut l'univers concentrationnaire. Et puis, derrière eux, se profilent aussitôt les visages des miens dont les cendres mêlées imprégneront à jamais la terre de Pologne. Mes aimés dont on m'a amputé sont présents dans chacun de mes gestes, et mes yeux portent encore leurs regards.

J'ai la mémoire à vif. Je ne cicatriserai jamais, et le pourrais-je que je ne le ferais pas ! Je sais qu'en écrivant je vais replonger dans la chaux encore brûlante de ce cauchemar, mais je n'ai plus le choix : j'ai le besoin et le devoir de témoigner. Combien sommes-nous aujourd'hui, de survivants ? Quelques centaines ? Quelques milliers ? Je ne saurais le dire avec précision, mais chaque année nos rangs s'éclaircissent et, dans deux ou trois décennies, plus personne ne sera là pour transmettre l'indicible. Les révisionnistes auront alors beau jeu de nier la réalité des chambres à gaz. Ce n'est d'ailleurs pas la mort des nôtres qu'ils réfutent, mais le fait même qu'ils aient jamais existé. Plus de six millions de juifs, et quelque cinq cent mille Tziganes et bien d'autres de toutes nationalités à jamais rayés de l'Histoire de l'humanité. Les chiffres et les lettres indélébiles gravés dans la chair de mon bras partiront avec moi. Aussi, il est grand temps que je témoigne pour que, demain, d'autres ne soient pas les victimes incrédules d'une nouvelle barbarie, car les bourreaux, eux, ne demeurent jamais inactifs. La banalisation de la Shoah m'est insupportable, et je frémis lorsque le terme de « génocide » est employé à tout propos pour qualifier un événement. Mais, néanmoins, comment pourrais-je être indifférent aujourd'hui lorsque, dans l'ex-Yougoslavie, à une heure d'avion de Paris, s'est pratiquée en toute impunité une « purification ethnique » ?

Élie Wiesel a dit que nous aurions pu, au sortir des camps, mettre à feu et à sang le monde pour nous venger. Je ne sais si les mots du poète reflètent une quelconque réalité, mais ce que je puis dire c'est que personne n'était prêt à nous entendre. L'enfer d'où nous venions était incommunicable. Nos corps décharnés agressaient déjà le sens de l'esthétique de certains. Aux mannequins de chair et d'os que nous étions, on ne demandait que le silence. L'heure était à la reconstruction et, nous-mêmes, du moins la plupart d'entre nous, nous y prîmes notre part sans pour autant oublier que nous ne serions plus jamais seuls, car trop d'ombres gisaient dans nos cœurs.

Hier, mes fils ; aujourd'hui, mes petits-enfants. Je me suis toujours efforcé de répondre à leur curiosité afin qu'ils ne se laissent jamais surprendre et ne deviennent pas, à leur tour, des victimes, des « accidents de l'Histoire », incapables de saisir ce qui leur arrive, comme si des briques leur tombaient sur la nuque. Mais, au-delà des miens, ce sont toutes les générations à venir que j'aimerais sensibiliser afin qu'elles se tiennent sur leurs gardes, car la « bête immonde » est là, tapie dans l'ombre, et n'attend que des circonstances favorables pour reprendre son œuvre de mort.

Il y a quelques années, une de mes petites-filles m'a demandé de venir dans son lycée parler à ses camarades de la déportation. Je suggérai à son professeur de regrouper les élèves des différentes classes dans une seule salle, pour pouvoir faire entendre mon récit au plus grand nombre. Je m'efforçai de parler de la façon la plus neutre possible afin de ne pas altérer leur esprit critique. Je désirais seulement en appeler à leur attention mais, sans l'avoir voulu, j'ai touché leur émotivité. Lorsque je me suis tu, nombre d'entre eux pleuraient, la tête penchée. Les mots me manquaient pour les consoler de ce que j'avais enduré mais, dans le même temps, leurs pleurs me confortaient dans l'idée que l'indifférence n'est pas un sentiment inné chez l'homme.

Certains confondent le silence et l'oubli, et croient que, si de nombreux survivants des camps de la mort se sont murés dans une espèce d'atonie, c'était pour tirer un trait sur tout cela. En fait, il ne se passe pas de jour, et a fortiori de nuit, sans que nous y pensions, car c'est plus qu'une part de nous-mêmes qui est restée là-bas. Nous sommes tous doubles. D'un côté, des hommes et des femmes pareils aux autres avec leurs joies et leurs chagrins ; de l'autre, des êtres à jamais blessés dans leur tréfonds.

Le hasard parfois s'en mêle et, alors que nous nous y attendons le moins, un fait, le plus souvent anodin, nous replonge dans le passé. Ainsi, un jour, en avion, un Italien exubérant, avec force mots et gestes, m'a demandé de le suivre dans la carlingue. Il tenait absolument à me présenter à l'un de ses compagnons de voyage. Je le suivis, à la fois intrigué et amusé. Et, là, quelle ne fut pas ma surprise lorsque je constatai que son compatriote avait déjà, au moins une fois, voyagé avec moi. Nous *avions fait partie du même convoi et son ami l'avait pressenti en voyant la similitude des tatouages sur nos avant-bras. Une autre fois, au hasard d'un voyage à Miami, en Floride, je contemplais une vitrine de vêtements lorsqu'un homme âgé aux cheveux blancs s'arrêta près de moi et entreprit d'engager la conversation en anglais.*

Quelques minutes plus tard, nous devisions tout naturellement en yiddish. Mon accent et certaines expressions que j'utilisais ne cessaient de l'étonner.

– Mais où êtes-vous né ?

– À Paris.

– À Paris ! Mais, ce n'est pas possible, vous parlez comme on le faisait autrefois à Varsovie. Qui vous a appris ce yiddish-là ?

– Mon père ! Sans le vouloir d'ailleurs. J'ai travaillé pendant des années en face de lui dans son atelier de confection. C'était un conteur-né et j'adorais l'entendre évoquer son enfance. Alors, pour me faire plaisir il n'arrêtait pas. Une histoire après l'autre. Les enfants sont comme des buvards, ils absorbent tout, y compris les accents.

– Mais il était de quel quartier exactement, votre père ?

Non seulement le vieil homme avait habité le même pâté de maisons que mon père, mais il était un de ses amis d'enfance !

– Et alors, comment il va, ton père ?

– Il a été gazé à Auschwitz !

Je lui avais répondu comme s'il m'avait demandé l'heure sans même prendre garde au choc que j'allais lui causer. Il pleurait, le visage dans les mains, et je ne savais que dire pour le consoler. Il avait, à dix-huit ans, choisi de partir aux États-Unis ; mon père, lui, s'était fixé sur la France. Ils ne s'étaient jamais revus.

– Tu as besoin de quelque chose ? Tu veux de l'argent ?

– Non, non ! Je n'ai besoin de rien.

– Prends de l'argent ! Tu...

Il me regardait, éperdu. En face de lui, je n'étais plus un homme d'âge mûr mais un orphelin. Un enfant. Qu'aurions-nous pu nous dire de plus ? Il s'était éloigné en pleurant, le dos un peu plus voûté. À lui aussi, même si aujourd'hui il n'est peut-être plus de ce monde, je devais ce témoignage.

MÉNILMONTANT

Belleville avant-guerre n'était pas un quartier de Paris, mais un véritable village où coexistaient en bonne intelligence une multitude de communautés dont les enfants – les garnements, devrais-je dire – avaient en commun un accent bien particulier et, aussi, une certaine manière de se mouvoir.

Du 397, rue des Pyrénées où nous habitions à l'école communale de la rue de Belleville, il n'y avait pas loin, mais suffisamment de sonnettes à tirer et de courses folles à faire sur les trottoirs, au grand dam des concierges et des ménagères aux filets chargés de victuailles. La rue alors faisait le trottoir et tout était parfums et couleurs. Vitriers, rémouleurs, vendeurs de journaux à la criée, camelots contribuaient aussi par leurs cris et leurs apostrophes à mon apprentissage du français. La vie éclatait de partout, insolente presque car, si les pauvres étaient nombreux et les appartements le plus souvent dépourvus de tout confort, rien ne semblait pouvoir altérer la joie de vivre et l'optimisme des habitants de ces rues dont nombre semblaient serpenter vers le ciel.

Si j'aimais le pavé de Paname, je n'étais jamais si bien que dans l'appartement familial, auprès de mes parents et de mes frère et sœurs. Il me semblait alors qu'il ne pourrait jamais rien nous arriver tant nous étions soudés par le bonheur d'être ensemble. Je ne comprenais pas pourquoi ma mère, le vendredi soir, se mettait un voile sur la tête et pleurait devant les bougies allumées. Je sais aujourd'hui qu'elle versait des larmes parce que sa famille était restée en Pologne où, de tout temps, être juif a constitué un délit en soi, sinon un crime. Le crime d'être né.

Mon père et le siècle avaient le même âge. Mon grand-père étant décédé du typhus alors que mon père était âgé de quatorze ans à peine, ce dernier était devenu prématurément chef de famille et avait dû élever ses frères, ce qu'il fit sans jamais songer à se plaindre. Le risque, à dix-huit ans, d'être incorporé dans l'armée russo-polonaise le décida à venir rejoindre en France un frère de son père qui y était installé depuis 1903 et avait réussi au point d'être un des fondateurs de la synagogue de la rue Pavée. Immigré clandestin, le temps de régulariser ses papiers, il avait élu la France autant qu'il l'avait choisie.

Carré, solide, et acharné au travail pour que vivent les siens, il était la douceur faite homme. Il se dégageait de lui un tel charisme qu'il inspirait de la sympathie à tous. Sa porte était toujours ouverte à l'inconnu qui venait de fuir les persécutions. Ses plus jeunes frères l'avaient vite rejoint et travaillaient à ses côtés. Ma mère les traitait à l'instar de ses propres enfants, et ils vécurent tous à la maison en attendant de fonder une famille.

Tailleur pour femmes, mon père commençait ses journées à six heures du matin en se rendant au Carreau du Temple où des commerçants de province venaient lui passer commande de manteaux. Les affaires se réglaient alors à la confiance, comme le font encore aujourd'hui les marchands de bestiaux. Une tape dans la main et le marché était conclu. L'argent changeait de poche sans pour autant finir à la banque.

Mon père, pour aplatir les liasses de billets, les plaçait sous ses fesses, au risque d'une piqûre mal placée.

L'après-midi, il gagnait à pied la place Gambetta où il avait sa boutique, et là il coupait les manteaux dont il avait pris les commandes. Un frère piquait, un autre repassait, sans compter une ouvrière. Tous travaillaient comme des fous jusqu'à dix heures du soir sans se poser de questions, car d'eux dépendait la survie de ceux qu'ils aidaient ici ou en Pologne.

L'énergie de ma mère n'avait rien à envier à celle de mon père. Née en Ukraine, à Kiev, en 1899, elle avait passé une partie de sa jeunesse à Varsovie. Elle veillait sur tous et sur tout avec une tendresse qui n'avait d'égale que l'autorité dont elle pouvait faire montre en certaines circonstances. Ce sera d'ailleurs elle qui, grâce à ses conseils avisés, permettra à mon père de moderniser sa production. Elle lui fera abandonner les tons sombres pour des plus clairs, et deviendra dès lors sa plus proche collaboratrice. Qu'elle soit moins disponible pour surveiller mes résultats scolaires n'était d'ailleurs pas pour déplaire au cancre que j'étais.

L'enfance ce sont des odeurs de cuisine, et jamais je n'oublierai les cornichons, les carpes farcies, les *clepors* [1] et les gâteaux dont ma mère nous régalait. C'est en crevant de faim, plus tard dans les camps, que j'ai pris conscience du bonheur qui avait été alors le mien.

André et Marie, mes aînés de quelques années, avaient donné de bien mauvaises habitudes à mes parents en ramenant à la maison des carnets scolaires élogieux, et bientôt ma jeune sœur ferait de même, mais je demeurerai incorruptible dans mon refus, n'hésitant pas à me cacher à la maison pour échapper à l'ennui de l'école.

1. Sorte de raviolis qui se mangent avec du bouillon.

Mes copains ne se faisaient jamais prier pour venir déjeuner à la maison, et les talents de cuisinière de ma mère ne trouvèrent jamais de meilleurs propagandistes qu'eux. Il ne serait jamais venu à l'idée d'un petit Arménien, d'un jeune Turc ou même d'un gamin catholique de s'étonner de l'accent yiddish de mes parents. Question accent, ils étaient déjà servis chez eux. D'ailleurs, quand nous zigzaguions parmi les charrettes des vendeurs de glace ou des livreurs de charbon, notre langage empruntait des expressions à toutes les langues, y compris à l'argot parisien dont nous étions déjà des experts précoces.

L'argent de poche n'étant pas encore entré dans les mœurs, du moins dans les classes populaires, il fallait se débrouiller si on voulait rendre de fréquentes visites à la boulangère. Nous étions devenus experts dans la vente des timbres antituberculeux. La plupart des acheteurs nous laissaient quelques sous en plus, et nous étions très fiers de nos dons de vendeurs jusqu'au jour où deux jeunes Juifs polonais, qui venaient tout juste d'arriver dans le quartier, eurent bientôt la réputation de faire fortune dans le commerce des timbres antituberculeux. L'affront était tel que nous décidâmes de tenir un conseil de guerre. Comment ces deux-là qui baragouinaient à peine le français pouvaient-ils nous ridiculiser à ce point ?

– Jo, toi qui parles le yiddish, va leur demander comment ils font.

– D'accord ! Attendez-moi ici. Ils vont parler !

Pour parler, ils parlèrent, mais pas dans le sens où je l'espérais. Ils acceptaient seulement de nous vendre leur secret contre dix francs. Une fortune ! Nous nous cotisâmes, et je revins les voir avec un discours clair et musclé.

– Voilà vos dix francs ! Mais gare à vous si vous me

racontez des salades, on vous casse la gueule et on reprend notre argent.

– Ne crains rien, c'est tout simple. Quand une femme te demandera combien vaut le timbre, tu lui répondras : « C'est à votre bon cœur, c'est comme vous voulez, madame », et tu verras le résultat.

– Vous vous foutez de moi !

– Essaie !

Ce que je fis, bientôt suivi par mes copains. Et le résultat ne se fit pas attendre puisque ma première cliente me donna deux francs, soit le cinquième de notre investissement. Nous eûmes bientôt les poches pleines de pièces, mais j'eus quelque peine à faire admettre à mon père que je n'avais pas volé cet argent.

Il y a bien des points de comparaison entre la météorologie et le climat politique d'un pays. Il est bien rare qu'un orage éclate brusquement sans que le ciel se soit obscurci auparavant de lourds nuages menaçants. Est-ce à partir de la prise du pouvoir par Hitler ? Du 6 février 1934 ? Du Front populaire ? Des clameurs hystériques de Nuremberg ? Toujours est-il que, progressivement, imperceptiblement, l'atmosphère changea à coups de « France aux Français », d'éditoriaux haineux de *Je suis partout*, et de meetings du PPF (Parti populaire français) de Jacques Doriot, cet ancien communiste qui se voyait déjà Führer ou Duce des Français.

Moi qui avais été si fier que nous soyons parmi les premiers du quartier à posséder un poste de radio, j'en venais à haïr cette fée musicale quand je voyais les visages anxieux de mon père, de ses frères et de leurs amis lorsqu'ils écoutaient les retransmissions des discours des dignitaires nazis. Ils serraient les poings, hochaient la tête en silence mais, invariablement, comme pour se rassurer, finissaient tous par dire que Hitler ne ferait pas ce qu'il annonçait à la face du monde. « On l'en empêchera », disait l'un ; « Ils ne le laisseront pas faire », reprenait l'autre. Personne, hélas, ne leur demanda jamais qui étaient ces « on » et « ils » en qui ils plaçaient tous les espoirs, tandis que l'ogre nazi avalait l'Autriche et les Sudètes, en attendant d'ingurgiter la Pologne.

Une haleine fétide se répandait sur toute la France, mais nous pensions qu'elle n'atteindrait jamais la porte de notre appartement. Mon meilleur copain avait onze frères et sœurs. Aussi ne se faisait-il pas prier pour venir manger à la maison et il n'était pas le dernier à savourer la cuisine de ma mère. S'apercevait-on seulement de son absence chez lui ? En tout cas, nous étions inséparables. La politique, les différences de religion, tout cela c'était des histoires d'adultes ! D'ailleurs, pour un enfant, il n'y a pas une manière juive et une façon catholique de tirer une sonnette et de faire enrager une concierge. Plus de cinquante ans ont passé, et je n'ai toujours pas compris pourquoi tout a basculé. Je ne me rappelle même plus si nous venions de nous disputer, mais le mot résonne encore à mes oreilles. Plus qu'un mot, une paire de gifles dont la trace ne s'efface jamais : « Sale youpin ! »

Sur le coup, je demeurai interdit. Et pour cause, cette insulte m'était inconnue. Comme je ne répondais pas, il reprit de plus belle :

– Youpin, va dans ton pays, en Palestine !

Je fonçai sur lui. Nos copains, au lieu de nous séparer, formèrent bientôt deux groupes et la bagarre fut générale. Juifs contre catholiques. Il ne se passa désormais plus de jour sans que je revienne à la maison avec un gnon ou un vêtement déchiré. Les trois frères Bouvard et un copain arménien furent les seuls à ne pas participer à cette guéguerre en culottes courtes. Je ressentais plus que je ne comprenais ce qui se passait.

Y avait-il, d'ailleurs, quoi que ce soit à comprendre ? Les enfants n'échappent pas aux épidémies. Il n'y avait donc aucune raison pour que le virus antisémite les épargnât davantage.

La frivolité de ma sœur Marie et l'extrême jeunesse de Paulette les mettaient l'une et l'autre à l'abri de ces turbulences. Il n'en allait pas de même avec mon frère André qui avait subi l'influence d'Abraham, un cousin germain élevé comme un fils par mes parents, qui, très jeune, avait milité dans la mouvance trotskiste. Leurs intelligences étaient au diapason et tous deux n'avaient pas besoin qu'on leur explique pourquoi « l'antisémitisme est le socialisme des imbéciles ». Peu de temps avant que mon cousin quitte la maison pour commencer une existence aventureuse qui le conduirait à diriger trois réseaux de Résistance dans la zone libre avant de trouver la mort dans le maquis, André vira au communisme pur et dur. En dehors du Parti, point de salut ! Il fut d'ailleurs bien déçu lorsque, sur le vieux vélo que mon père lui avait offert, il m'emmena visiter l'Exposition universelle de 1937. Ses commentaires enthousiastes sur le pavillon de l'URSS, qui faisait face à celui de l'Allemagne nazie, n'eurent pour tout écho que mes bâillements.

Ses préoccupations et son engagement politique conduisirent André à s'intéresser de près aux programmes et aux idées de ses ennemis politiques. C'est ainsi qu'il réussit à fréquenter des gens du PPF. L'un d'entre eux, fasciné par sa personnalité, lui fit lire le livre de Hitler, *Mein Kampf*, et des brochures de propagande nazie dans lesquelles le sort promis aux juifs ne souffrait aucun doute. Son copain fasciste prit même la peine de lui mettre les points sur les *i*.

– Tu as compris maintenant, André. Même ton Staline vient de signer un pacte avec Hitler ! Vous êtes foutus !

– Et que voudrais-tu que nous fassions ?

– Foutez le camp ! Partez en Amérique ! Faute de quoi, nous nous occuperons de vous.

De sérieux, André devint grave. À l'instar d'un sismographe, il enregistrait toutes les manifestations d'antisémitisme ou tous les reculs des démocraties devant Hitler comme autant de sombres présages. Il lisait comme un damné, établissant à l'aide de ses livres une espèce de cordon sanitaire entre le monde et lui.

J'étais, quant à moi, loin de tout cela. Ma carrière de cancre ne connaissait pas de répit et atteignit même son apogée au moment de passer le certificat d'études. Mon père finit, en désespoir de cause, par me mettre dans une école de tailleurs, bien que je ne me sois jamais intéressé à ce qui pouvait bien se passer dans l'atelier paternel. Trois mois plus tard, je savais monter un manteau « fillette » jusqu'au col et aux manches, et n'arrêtais plus d'interroger mon père sur tel ou tel problème.

Devant ce « miracle », il prenait tout le monde à témoin : « On m'a changé mon fils ! On m'a changé mon fils ! » Je n'apprenais pas un métier mais vivais une véritable passion, et il ne se passait pas de nuit sans que je rêve de coupes, d'aiguilles ou de tissu.

Lorsque les Allemands envahirent la Pologne en septembre 1939 et la dépecèrent avec les Soviétiques, mes parents pensèrent d'abord à ceux des leurs qui étaient ainsi pris au piège. André, lui, nous fit un exposé de tous les malheurs qui allaient fondre sur nous. Il parlait dans un état second et la douceur de sa voix ne faisait qu'accentuer la dureté de son propos. Tout y passa : la déportation, les camps et, en conclusion, notre mort annoncée.

Mon père finit par exploser :

– Qu'est-ce que tu cherches, André ? Tu veux tous nous affoler ?

– Je veux que nous quittions la France pour les États-Unis. Tu as de la famille là-bas et, travailleur comme tu l'es, tu n'auras pas de mal à recommencer de zéro.

– Tu ne sais pas ce que tu dis et ce que nous avons enduré, ta mère et moi, avant d'avoir le peu que nous avons aujourd'hui.

– Vous perdrez tout et vous allez tous nous perdre !

– Tais-toi ! Je suis français maintenant. Il m'arrivera ce qu'il arrivera aux autres Français.

– Français ? Un Français millésimé 1939 ! Tu verras ce qu'ils en feront, des métèques naturalisés.

– Ça suffit ! La discussion est close. Je ne veux plus jamais t'entendre !

Et mon frère se tut si bien qu'il n'ouvrit plus la bouche, malgré toutes les tentatives de mon père pour se réconcilier avec lui. Un grand psychiatre juif fut appelé en consultation. Le cas de mon frère lui sembla si intéressant qu'il décida de l'examiner de plus près en le mettant en observation dans une maison de repos. Lors d'une visite, profitant de ce que notre père discutait avec les médecins, il me prit à part.

– Jo, tu le sais, toi, que je ne suis pas fou ?

– Oui, André.

– Regarde avec qui papa m'a mis.

– Ils ont l'air bizarres.

– Bizarres ! Ils sont fous. Tiens, l'autre là-bas avec sa main droite dans son gilet, il se prend pour Napoléon à l'île d'Elbe. Il prépare son débarquement sur les côtes de Provence.

– Mais qu'est-ce que je peux faire, André ?

– Dis à papa que, s'il ne me fait pas sortir, je vais m'enfuir.

Mon père ne fut pas difficile à convaincre, car lui aussi avait pris conscience que son fils n'avait rien à faire parmi ces pauvres hères exilés dans un autre monde. Lucide, ô combien trop lucide, dans un temps où la folie s'était emparée des hommes, mon frère n'était coupable que d'avoir compris ce que les autres refusaient d'admettre au nom de la raison.

Désormais, lorsque nous nous promenions ensemble, les rôles étaient presque inversés et je devais prendre soin de lui. Le temps où il endossait toutes mes bêtises me paraissait bien lointain. Dans la rue, parfois, il se figeait et sa main se crispait sur mon bras.

– Qui a dit cela ? Où se cache-t-il ?

– Mais qui ?

– Celui qui nous a insultés.

– Qu'est-ce qu'il a dit ?

– Tu le sais bien. « Sale juif », il a gueulé.

– Mais je n'ai rien entendu.

– Parce que tu es comme les autres, cela t'arrange de ne rien entendre. Vous baissez la tête pour mieux qu'on vous la coupe.

Mon père, qui était arrivé en France au lendemain de la victoire de 1918, ne doutait pas du sort des armes. L'armée des troupes nazies. « La drôle de guerre » était un piège qui s'était refermé sur l'ennemi. L'atmosphère changea à partir d'avril 1940. La Hollande et la Belgique furent avalées en quelques jours, et ce fut bientôt l'exode sur les routes de France.

Mon père décida de nous mettre à l'abri en province. Il nous accompagna à la gare. Sur le quai, c'était la panique. Les gens se bousculaient. La guerre avait effacé en eux toute trace de politesse. De la fenêtre de notre compartiment, nous pouvions voir des voitures abandonnées le long des routes. Les avions allemands mitraillaient et bombardaient les civils plongés dans l'exode.

Nous trouvâmes refuge dans un petit village proche de Sens où nous fûmes hébergés par une vieille Anglaise exquise dont la vaste demeure ressemblait à une bonbonnière. André n'attendit pas longtemps pour s'enivrer avec les trésors que contenait la bibliothèque. Voyageur immobile, il y passait ses journées en compagnie d'Alexandre Dumas, tout en lui faisant des infidélités avec Victor Hugo et Jules Verne.

Le maire avait décidé que tous les jeunes travailleraient pour la commune. André ne se sentit pas concerné et n'abandonna pas ses chers livres. D'où une convocation à la mairie. Ma mère, terrorisée, l'accompagna. André, très décontracté, s'assit face au premier édile de la commune, un gros paysan rougeaud et vindicatif.

– Qu'est-ce que c'est que ce jeune qui ne veut pas travailler ?

– Dites donc, votre travail ce n'est pas pour le pays ou la commune, mais pour votre pomme, dans vos champs.

– Il ne faut pas vous énerver ainsi. C'est un malentendu. Continuez vos études !

Quelques jours plus tard, nous repartions pour la capitale avant même que les loups entrent dans Paris. La panique avait investi les cœurs et les esprits. Ma jeunesse m'épargna la peur, mais la nervosité et la douleur des adultes me mettaient mal à l'aise. Une page venait de se tourner, et seul un fou aurait pu imaginer quels chapitres s'écriraient ensuite.

Il n'y eut, paraît-il, qu'un seul suicide, le 14 juin 1940, lorsque les Allemands entrèrent dans Paris. Leurs bottes résonnèrent bientôt sur les pavés de la rue de Belleville. Leurs tenues impeccables et leurs bottes cirées faisaient resurgir cruellement les images de soldats français défaits dans leurs uniformes dépareillés. Une affiche rapidement placardée sur les murs de la capitale conseillait : « Faites confiance au soldat allemand. » Les badauds passaient devant, plus indifférents que curieux ou anéantis.

L'armistice « entre soldats et dans l'honneur » signé par le gouvernement de Pétain provoqua ce que, en d'autres temps, Léon Blum avait appelé un « lâche soulagement ». Les ordres de la propagande allemande étaient exécutés à la perfection par les troupes d'Occupation. Les soldats distribuaient bonbons et chocolat aux enfants et, quand ils entraient dans les magasins, ils payaient sans discuter, tout en faisant montre d'une exquise et virile politesse. *Korrects !* Tel était le mot qui revenait alors le plus souvent dans la bouche des Parisiens, heureux de voir que cinémas, cabarets et théâtres avaient rouvert leurs portes.

Mon père avait, quant à lui, repris toutes ses activités. Je ne puis évoquer cette époque sans que presque immédiatement on me demande pourquoi il n'a pas essayé de fuir la métropole avec sa famille. Comme il est simple aujourd'hui d'être lucide *a posteriori* ! Certes, à quarante ans, il était encore un homme jeune en pleine possession de ses moyens, mais est-il si facile que cela de refaire sa vie lorsqu'on a la charge d'une famille de six personnes, sans compter ses frères ? Et puis il se faisait, lui aussi, une certaine idée de la France et des Français.

Étant né et ayant vécu dix-huit années en Pologne, mon père pensait n'avoir plus rien à apprendre sur l'antisémitisme. Il ne pouvait, il est vrai, imaginer à quel point les nazis avaient mis en place un système qui ne laissait rien au hasard. Il ne fallait pas effrayer les proies mais les broyer progressivement afin, si possible, qu'aucune d'entre elles n'en réchappe.

Les mesures antijuives se succédaient à un rythme soutenu. À peine étions-nous habitués à l'une qu'une autre plus sévère encore était promulguée. Les magasins appartenant à des juifs durent d'abord apposer une affiche en allemand, « Boutique juive », afin qu'aucun soldat aryen ne soit trompé ; en octobre 1940, Vichy, pour ne pas être en reste, publia les premières interdictions professionnelles, et les juifs durent bientôt aller se déclarer dans le commissariat de leur quartier. Mon père décida que nous ne nous plierions pas à cette obligation que d'aucuns prirent seulement pour une humiliation supplémentaire.

Il accueillit avec détachement la nomination d'un gérant envoyé par le Commissariat aux affaires juives pour surveiller la bonne tenue des comptes de sa boutique. À l'instar de son chef, Xavier Vallat, cet homme pratiquait un antisémitisme courtois, un rien suranné. Mon père, aussi paradoxal que cela puisse paraître, n'eut jamais à se plaindre de lui.

Mon père avait choisi de devenir français. Il avait tellement attendu sa naturalisation qu'il se sentit humilié, souillé, lorsque, d'un trait de plume, on décida de le rayer de la communauté nationale. Jamais, auparavant, je ne l'avais vu dans un tel état. Une colère froide, déterminée, qui ne laissait aucune place à la discussion :

– Nous ne pouvons plus rester à Paris. Je vais passer en zone libre pour préparer le terrain à votre installation. Français ou pas, au moins là-bas nous ne verrons plus d'uniformes allemands.

Aussitôt dit, aussitôt fait, sans même prendre la peine de réfléchir à cette expédition. La ligne de démarcation ? Il la franchirait seul ! Évidemment, cela le mena dès la première nuit en prison où il passa deux semaines. Enjoliva-t-il les événements pour rassurer ma mère ? Une chose est certaine : à l'entendre, il avait presque été traité comme un hôte de marque et avait discuté musique, en allemand, avec ses geôliers. Cela dit, il n'entendait pas rester sur cet échec et organisa mieux sa seconde tentative en s'assurant les services d'un passeur.

Nous apprîmes vite qu'il était installé à Lyon. Il indiquait même dans sa première lettre que la place Bellecour était à une centaine de mètres, mais j'ignorais alors que c'était l'endroit le plus huppé de la capitale des Gaules.

La boutique étant fermée, ma mère se consacrait entièrement à nous avec une énergie et une autorité jamais démenties. Son moral semblait à toute épreuve. Comment à son contact et sous sa protection ne serais-je pas resté un adolescent insouciant dont la rue était toujours le royaume malgré les taches de vert-de-gris ? J'étais à l'instar de mes copains, juifs ou non juifs. Pétain était encore considéré en grand-père protecteur de tous et le nom de De Gaulle commençait à peine à circuler.

Parfois, pourtant, un fait dramatique nous rappelait que nous n'étions plus dans une situation ordinaire. Ainsi, le père d'un copain avait été arrêté lors de la première rafle de juifs étrangers à Paris et interné au camp de Drancy qui venait d'ouvrir ses portes. Malade, il fut libéré un mois plus tard à la faveur d'une « sélection ». Il avait maigri de vingt kilos et flottait dans ses vêtements. Ses yeux fiévreux et agrandis par l'épuisement mangeaient littéralement son visage. Sa voix aussi semblait venir d'ailleurs lorsqu'il nous raconta la conduite indigne des gendarmes français qui gardaient le camp et s'ingéniaient à humilier et à affamer leurs prisonniers.

J'avais déjà été bouleversé lorsque, à la faveur d'une permission, un frère de mon père nous avait relaté sa détention à Pithiviers où il repassait des vêtements à l'ombre de barbelés. Mon père avait alors voulu lui donner de l'argent.

– J'ai des dollars, avec ça tu pourras facilement passer en zone libre.

– Pourquoi veux-tu que je me mette dans l'illégalité ? Au pis, j'attendrai la fin de la guerre en faisant le bûcheron.

Évidemment, avec son mètre quatre-vingts et ses solides épaules, cette perspective ne devait pas l'effrayer. Il est retourné à Pithiviers, d'où il fut déporté ensuite à Auschwitz.

Mon père nous avait prévenus qu'un homme viendrait nous chercher pour nous aider à passer de l'autre côté de la ligne de démarcation. Aussi ne fûmes-nous pas surpris lorsque, à l'heure du dîner, un homme d'une trentaine d'années, plutôt beau gosse et au type italien prononcé, se présenta chez nous.

– Nous partons demain.

– Comment, demain ?

Soudain, à l'idée de quitter ce qui avait constitué tout son univers, ma mère paniquait. Elle devait avoir l'impression qu'elle allait abandonner le fruit de toute une vie de travail sur un coup de dés.

– Je ne peux pas partir comme cela !

– C'est la consigne de votre mari !

– Mais je n'ai pas d'argent pour vous payer !

– Il a tout réglé, mais je n'attendrai pas une journée de plus à Paris.

Mes sœurs et moi essayâmes de la consoler et de lui faire entendre raison.

– On va retrouver papa.

– Ce n'est plus à un jour près !

– Papa va s'arranger pour faire venir tes meubles.

– Vous rêvez ! Vous êtes complètement inconscients ! Ce n'est pas un jeu.

– Tu en auras d'autres, maman, des meubles !

– Et mes souvenirs, qui les déménagera ? Qui me les remplacera ? Vous êtes trop jeunes pour comprendre ! J'ai déjà tout quitté une fois dans ma vie. Je ne pensais pas avoir à recommencer.

Si seulement elle avait pu pleurer. Non, elle était seulement désemparée. Aussi, pour se calmer, a-t-elle passé la nuit à tout astiquer et à tout ranger, comme si nous devions revenir bientôt, après de plus ou moins longues vacances en province. Sa salle à manger, c'était son château de Versailles à elle. La preuve tangible que la petite immigrée avait réussi à avoir quelque chose à elle.

Le rendez-vous avec le passeur avait été fixé à la gare de Lyon, ce qui n'était peut-être pas le meilleur endroit pour se retrouver. Mais ma mère jouait les prolongations et trouvait toujours un prétexte pour retarder notre départ. Sur le pas de la porte, elle repartit à l'intérieur de l'appartement. L'heure passant et devant notre énervement, elle décida d'envoyer Marie et Paulette en avant-garde pour faire patienter le passeur. Mon frère et moi sommes restés pour l'aider à porter les bagages. Finalement, à force d'arguments, nous la décidâmes à abandonner la rue des Pyrénées.

Ce fut une course éperdue vers la gare de Lyon. Évidemment, une fois sur place, impossible de repérer mes sœurs dans la foule.

– Dépêchons-nous ! s'écria ma mère.

– Et Paulette et Marie ?

– Elles doivent nous attendre dans le train avec le passeur.

Essoufflés, en nage, nous étions à peine installés que

ce fut le départ. Ma mère, bien évidemment, commençait à s'angoisser pour ses filles de neuf et dix-sept ans.

– Ah ! enfin vous êtes là !

Nous n'avions même pas vu entrer le passeur.

– Où sont mes filles ?

– Vos filles ? Comment voulez-vous que je sache où elles sont.

– Mais elles sont parties en avant pour vous prévenir.

– Elles sont peut-être parties, mais je ne les ai pas vues arriver !

– Quelle est la prochaine gare ?

– Dijon.

– J'y descendrai. Il faut que je retrouve les petites. Conduisez les garçons auprès de mon mari.

Avant de descendre du train, à Dijon, elle nous serra dans ses bras en nous abreuvant de recommandations comme si nous étions encore en culottes courtes. Le passeur, visiblement, n'appréciait pas la situation. Plus le paysage défilait sous nos yeux, plus il se crispait et paraissait énervé. André, au contraire, faisait montre d'un grand calme. Il était redevenu le grand frère protecteur que j'avais connu autrefois.

– Ne crains rien, Jo, notre père n'a pas choisi cet homme au hasard. Tout va bien se passer.

– Si tu le dis, André.

Effectivement, lorsque nous descendîmes du train peu avant Chalon-sur-Saône, ville aux environs de laquelle nous devions franchir la ligne de démarcation, il nous emmena dans un petit bistrot aux lumières blafardes.

– Nous allons attendre la nuit ici. Prenez un verre et souriez un peu, ce n'est pas une aventure si terrible que cela.

Bientôt nous nous retrouvâmes une dizaine à attendre l'heure fatidique. J'étais, et de loin, le benjamin, et ce privilège me valait sans doute d'être le moins angoissé. Certains avaient les mains crispées sur leurs valises comme si quelque malfrat allait essayer de les leur voler. Et les heures s'écoulèrent avant que le passeur prononçât enfin les paroles tant attendues :

– Allez, on y va.

Quelle couleur ont les fuyards la nuit ? Celle de leur peur !

Nous avons marché si longtemps qu'il m'a semblé un moment que cette nuit ne finirait jamais. Nous étions en file indienne ; une ombre devant, une autre derrière. Lorsque l'un d'entre nous trébuchait, il n'était pas question de s'arrêter. Une cohorte d'automates avançant vers ce qu'ils croyaient être la liberté.

Des barbelés apparurent enfin à l'horizon. Trois rangées successives à franchir, et nous serions libérés de nos frayeurs ! Il y eut alors un flottement dans notre groupe, comme si les cent mètres qu'il nous restait à parcourir étaient dérisoires et paralysants à la fois.

Nous passâmes sans encombre la première ligne grâce à une brèche ouverte par le passeur. La deuxième ne posa pas plus de difficultés. La délivrance n'était plus qu'une question de mètres.

– Halte !

Le mot avait claqué comme un coup de fouet. Aussitôt après, des projecteurs balayèrent le terrain, bientôt relayés par des hurlements en allemand. Le passeur a donné le premier le signal de la panique en se mettant à courir en zigzag comme un fou. Je m'élançai derrière lui, comme s'il était une bouée de sauvetage, mais André s'agrippa à moi et me plaqua au sol. Une balle siffla alors à mes oreilles avant de se nicher dans la poitrine du passeur. Nous étions encerclés sans pouvoir discerner combien ils étaient. Je ne pouvais détacher mon regard du passeur qui râlait et dont le corps se soulevait au rythme de la douleur. Il eut le temps de crier : « Maman ! » avant d'expirer à même le sol. Cet homme, dont j'ai oublié aujourd'hui jusqu'au prénom, était mon premier mort. Celle-ci devenait une réalité insoutenable à l'enfant que j'étais encore.

Les Allemands allaient et venaient parmi nous. Ces soldats-là n'avaient pas grand rapport avec ceux qui, à Paris, jouaient jadis aux touristes en armes. Ils n'hésitaient pas à distribuer des coups de crosse aux hommes qui ne se levaient pas assez vite. On nous entassa dans un camion. Les menottes flottaient sur mes poignets, mais on m'aurait mis des fers aux pieds que je n'aurais pas été plus entravé que je ne l'étais déjà dans ma tête.

Le camion s'arrêta devant une grande bâtisse sombre. Les deux battants d'une porte qui me parut immense s'ouvrirent devant nous. La prison de Chalon-sur-Saône accueillait ses nouveaux pensionnaires.

Nous fûmes répartis dans deux cellules, et j'eus la chance de ne pas être séparé d'André. La porte se referma sur nous avec un bruit à nul autre comparable. Qu'allions-nous devenir ? Nous étions tous frappés de mutisme. Il nous fallait aussi appréhender l'univers carcéral où se mêlent promiscuité et solitude. Un rai de lumière filtrant à travers les barreaux nous rappelait que, dehors, une journée ordinaire allait commencer.

Je fus le premier appelé pour un interrogatoire. On me fit décliner mon identité et on me questionna sur mes parents. Ma jeunesse et mon air égaré disaient suffisamment que je n'étais pas une prise importante, d'autant plus qu'il était évident que j'avais voulu franchir la ligne de démarcation parce que j'étais juif. Je revins dans la cellule, n'ayant même pas eu le temps d'avoir peur. Mon frère et les autres furent, tour à tour, extraits de notre trou. Quand tous furent passés, on revint me chercher. L'officier allemand et l'interprète me parurent tout de suite plus nerveux. En effet, je ne les intéressais pas. Ils en avaient après mon frère.

– Ton frère est fou !

– Pourquoi ?

– Il répond n'importe quoi à nos questions.

– Il a toujours fait ainsi. Oui, dans un sens, il est à part. Un peu étrange.

– Va-t'en ! On a compris.

Je retrouvai mon frère allongé, son éternel chapeau sur la tête :

– Alors, ils t'ont interrogé ?

– Oui, André.

– Ils t'ont demandé si j'étais fou.

– Oui !

– Je m'en doutais.

Un infâme morceau de barbaque, une bouillie de légumes et un morceau de pain presque sec. Tel fut notre premier repas. Sans couteau ni fourchette, je ne savais comment faire. Dès que j'approchai mon nez de la viande, une odeur de charogne bouillie m'enveloppa et je la jetai. Je n'étais pas du genre à manger n'importe quoi, n'importe comment.

Nous eûmes droit à une sortie d'une demi-heure dans une cour fermée aux hauts murs tout aussi gris que ceux de notre cellule. Mais, au moins, en levant le nez, il était possible de goûter au ciel. Nous tournions en rond, les uns derrière les autres, sans avoir la possibilité de nous parler. Tout dans cette prison sentait la moisissure. Combien d'hommes et de femmes étaient déjà passés dans ce lieu cauchemardesque !

Des visiteuses nous attendaient à notre retour dans la cellule. Des souris festoyaient avec des miettes de pain. Elles prirent le temps d'achever leur festin avant de repartir par où elles étaient venues. Comme je les enviai alors de pouvoir se jouer ainsi de la prison !

L'odeur pestilentielle de la tinette, déjà difficilement supportable dans la journée, devint insoutenable la nuit. J'avais l'impression d'avoir été aspergé de merde des pieds à la tête. Couché sur ma paillasse, à côté de celle d'André, j'essayai de trouver le sommeil malgré les souris qui, enhardies par l'obscurité, s'aventuraient à passer et repasser sur nous. J'aurais sans doute fini par m'endormir si un petit vieux avait arrêté de marcher de long en large en psalmodiant en yiddish : « Qu'est-ce qui nous arrive ? Qu'est-ce qui nous arrive ? », tout en se frappant les bras pour lutter contre le froid.

La faim finit par avoir raison de ma délicatesse et, bientôt, comme tout un chacun, je dévorai à belles dents la barbaque qui faisait le quotidien de nos menus. La prison, c'est aussi un rythme et des habitudes dans lesquels il faut se fondre. Nous avions désormais droit à deux heures de quartier libre durant lesquelles on pouvait circuler, à condition de ne pas aller dans les autres cellules.

Avec mon allure de titi parisien débrouillard, je me fis vite des copains parmi les « droit commun » qui me surnommèrent « Ménilmontant », sans doute en souvenir de la chanson que chantait Maurice Chevalier. Je fus rapidement au parfum de tous les petits trafics de la prison. Ici comme ailleurs, les gros fumeurs étaient prêts à tout pour pouvoir assouvir leur besoin de nicotine. Mon frère souffrant plus que moi de la faim, je faisais la tournée des cellules pour lui trouver du pain. Si éloigné qu'il fût des réalités, il ne manquait jamais de s'étonner :

– Joseph, où as-tu eu ce pain ?

– T'occupe ! Ce sont des copains qui me l'ont donné.

Rassuré, il le dévorait sans demander son reste.

Nous eûmes droit à un simulacre de procès à l'issue duquel on nous condamna à huit semaines d'incarcération. Dans son infinie clémence, la justice militaire allemande nous autorisa à adresser une carte postale à nos familles afin de les prévenir de notre sort. Tout cela n'était, en définitive, pas dramatique. À un détail près cependant : on nous avait invités à lire des affiches qui précisaient que, en cas d'attentats contre des soldats allemands, nous serions considérés comme otages et fusillés.

Mais pourquoi s'inquiéter ? La routine carcérale reprit, mon petit manège avec mes copains aussi. Un gardien allemand, haut comme trois pommes, avait, je ne sais pourquoi, mémorisé mes nom et prénom. Son attention à mon égard se révéla payante et, lorsqu'il me gueula dessus, je compris que j'allais passer un sale quart d'heure.

– Joseph ! Viens ici ! Tu as enfreint le règlement. Tu connais le tarif ?

– Non !

– Deux jours de mitard !

Quelques minutes plus tard, je faisais connaissance avec cet endroit mythique qui a tant inspiré les cinéastes. Au début, d'ailleurs, je me suis cru dans un film, mais j'ai rapidement déchanté. Il faisait atrocement froid, et je n'avais ni paillasse ni couverture. Je restai ainsi deux jours sans boire ni manger. J'avais l'impression d'être ivre lorsque l'on me sortit de là. Est-ce mon air buté ou la manière que j'avais d'avancer, les dents serrées ? En tout cas, les droit commun apprécièrent mon attitude de petit dur, et c'est de bon cœur qu'ils m'applaudirent et m'encouragèrent par des « Bravo, Ménilmuche ! » aussi sincères que spontanés. Je n'eus pas le temps de profiter de ma popularité car le cachot et le froid avaient eu raison de ma vessie. Je ne savais que faire pour lutter contre mon incontinence. Pour un peu, je serais resté en permanence sur la tinette. Je me sentais honteux, souillé, dépossédé en quelque sorte de moi-même.

Tout se sait plus vite qu'ailleurs en prison. La rumeur est la plus efficace des radios. C'est ainsi que nous apprîmes par les droit commun que trois officiers allemands s'étaient fait descendre par la Résistance à Chalon-sur-Saône et que des otages allaient être fusillés. Il nous fut impossible de dormir cette nuit-là. Nous frémissions au moindre bruit. Les heures s'égrenaient si lentement qu'il nous semblait que l'aube ne viendrait jamais. Mon frère, qui avait été mis dans une autre cellule, me manquait terriblement.

J'aurais eu moins peur en le sachant à mes côtés.

Vers cinq heures du matin, toutes les cellules furent ouvertes les unes après les autres. Ce n'était pas le bourreau qui passait, mais un simple soldat avec une liste de noms. Je fus le seul élu dans ma cellule. J'avais un quart d'heure pour me préparer au pire ; les autres, tout à leur soulagement, me consolaient comme ils le pouvaient :

– Allez, ce n'est rien. Ne fais pas cette tête-là !

Je ne les entendais plus. Ce n'était que brouhaha et murmure à la fois. Certains me tapaient sur l'épaule, d'autres me serraient les bras nerveusement. Je n'étais déjà plus là. Un seul gardait ses distances, c'était un Rothschild qui prétendait ne pas appartenir à la célèbre famille. Ces marques d'amitié n'étaient pas toutes désintéressées et, autour de moi, on se disputait presque mon dérisoire héritage.

– Dis, Jo, tu n'as plus besoin de ton morceau de savon ?

– Jo, je prends ta couverture. La mienne est pourrie.

Je me sentais déjà terriblement loin d'eux. En sortant, je retrouvai ceux que le destin avait désignés. Mon frère était parmi eux, aussi absent qu'à l'accoutumée. Il n'y avait pas d'autre bruit que celui de nos pas lorsque nous descendîmes jusqu'au rez-de-chaussée. Là, à notre grande surprise, nous fûmes traités comme des invités de marque : café à volonté, pain, beurre. C'était un peu comme le verre de rhum du condamné à mort. Le coup de grâce !

Les portes de la prison s'ouvrirent devant nous. Des soldats en armes nous attendaient devant des camions bâchés. Le jour venait à peine de se lever, et nous étions tous nimbés d'humidité. Le froid était tel que les gouttes de sueur qui perlaient sur nos fronts gelaient aussitôt. J'étais à peine installé dans le camion que je sentis de l'urine couler le long d'une de mes jambes. Je n'en éprouvai même pas de la gêne, car autour de moi mes compagnons d'infortune avaient d'autres préoccupations. La pisse gela sur mon pantalon, mais, où j'allais, quelle importance cela pourrait-il avoir ?

Un fourreur alsacien, qui parlait un allemand impeccable, tenta vainement de tirer les vers du nez aux soldats. Il avait beau insister, seul le silence de nos gardiens faisait écho à ses questions. Les camions s'arrêtèrent en rase campagne et les soldats en descendirent. Des bribes de conversations nous parvenaient, mais nous ne pouvions en saisir le sens. Ils remontèrent enfin, et l'un d'entre eux se tourna vers le fourreur et lui dit en allemand, avec une espèce de demi-sourire : « Il y a contrordre. » Il paraissait presque autant soulagé que nous. Chacun savourait à sa manière ce sursis qui nous était octroyé. Vers quelle destination roulions-nous ? Peut-être, tout simplement, nous ramenait-on dans nos cellules ?

Prison pour prison, nous arrivâmes dans celle d'Autun où personne, apparemment, ne nous attendait, d'où un certain énervement dont je ferais bientôt les frais. Privilège de l'âge ou hasard, je fus emmené le premier à l'interrogatoire. Un vieux soldat, sans doute vétéran de l'autre guerre, m'escorta jusqu'à une pièce où des civils hurlaient au téléphone pour savoir, compris-je, si nous avions été arrêtés par la police allemande ou par la française. Je n'eus pas le temps de me réjouir de ce désordre si peu germanique. Deux hommes me sautèrent dessus et, tels deux boxeurs en manque d'entraînement, jouèrent avec moi comme avec un punching-ball.

J'eus bientôt une caisse de résonance à la place de la tête. Ils s'en donnaient à cœur joie des pieds et des poings et, une fois rassasiés, me jetèrent dehors tel un ballot de linge sale. Je n'avais pas encore tout à fait recouvré mes esprits que, déjà, mon vieil ange gardien me faisait signe d'y retourner.

– Non ! Je ne veux pas ! Ils vont encore me taper dessus.

– Tu vas y retourner et, cette fois-ci, tu n'oublieras pas de leur dire bonjour.

Devant mon air aussi craintif que dubitatif, il répéta, tout en remettant de l'ordre dans mes vêtements :

– Il faut toujours dire bonjour !

Je n'en menais pas large en pénétrant dans la pièce et criai presque mon « bonjour ! ». Cela eut au moins le mérite de les faire rire ; à la suite de quoi, l'interrogatoire fut une simple formalité. En repartant, mon professeur en bons usages s'arrangea pour me faire passer devant les autres prisonniers et me souffla :

– Préviens-les !

Je ne me le fis pas dire deux fois :

– Il faut dire bonjour !

– Qu'est-ce qu'il se passe ? Qu'est-ce qu'ils t'ont fait, Jo !

– Dites bonjour, c'est tout !

Bien qu'ahuris devant l'incohérence de mes propos, ils suivirent mon conseil et n'eurent pas à s'en plaindre.

On ne parlait pas encore à l'époque de prison modèle ou de prison « quatre étoiles », mais celle d'Autun, comparée à celle de Chalon-sur-Saône, était d'un confort inouï. Il y avait surtout une ambiance plus décontractée, presque familiale. Les portes des cellules restaient ouvertes dans la journée, et les prisonniers qui le souhaitaient pouvaient descendre au réfectoire jouer aux cartes. Je partageais une cellule avec André qui, malgré le grand lit dont nous bénéficiions, ne paraissait pas faire la différence avec notre précédente résidence forcée.

Chaque jour, un détenu avait le droit d'aller en ville faire les courses de notre petite communauté. Encore fallait-il avoir de l'argent ! Le fourreur polyglotte en avait, lui, car il avait dissimulé des billets de banque dans un talon de chaussure. J'allai le trouver pour négocier un prêt :

– Monsieur Maurice, mon frère et moi nous avons faim. Vous ne pourriez pas nous prêter un billet ou deux ?

Il me scruta sans un mot et me tendit deux billets. Je lui donnai l'adresse de mon père à Lyon. Il la prit avec le sourire de celui à qui on ne la fait pas. Notre ordinaire enfin amélioré, j'envoyai une carte à ma mère pour lui dire que nous arriverions bientôt au terme de nos huit semaines d'emprisonnement.

Les non-juifs furent effectivement libérés. Quant à nous, des gendarmes vinrent nous chercher et nous conduisirent à pied à la préfecture qui était proche. Ils nous avaient rendu nos papiers et ne paraissaient ni méfiants ni agressifs. Quel bonheur de marcher d'un pas d'homme presque libre, et les mains dans les poches, dans les rues d'une ville où tout respirait la tranquillité ! La lumière, malgré un ciel plutôt couvert, me parut belle, presque aveuglante car elle n'était plus obstruée par des murs. Nous aurions pu tenter de nous enfuir, car nous étions répartis par groupes de trois ou quatre, mais nous étions comme anesthésiés par la décontraction de nos accompagnateurs.

Nous attendîmes quelque temps à la préfecture avant que l'on daignât s'intéresser à nous. Est-ce utile de le préciser ? Je fus appelé le premier ! Interrogatoire des plus classiques : nom, prénom, adresse, etc. Devant mon air rétif, l'homme en costume-cravate cessa de m'interroger.

– Qu'est-ce que tu as ?

– Rien !

– Quelqu'un t'a maltraité ?

– Non !

– Eh bien, alors, on est entre Français ici ! On n'est pas chez les Boches !

Il pouvait toujours parler. J'étais devenu un adolescent méfiant de tout et de tous. La prison est une école où l'on apprend plus vite qu'ailleurs ce qu'est la nature humaine. Mon silence ne faisait qu'accroître son malaise et, bientôt, il se laissa aller à soliloquer :

– Un gosse... né en France... Ce n'est pas possible. Ils ne t'auront pas ! Tu m'entends ?

Sur ce, il me renvoya et interrogea mes compagnons. Quelques heures plus tard, menottes aux poignets, nous fûmes conduits à la gare par deux inspecteurs de la PJ qui n'eurent aucun mal à nous faire passer les postes de contrôle de la *Feldgendarmerie*. Nous nous installâmes dans le train. Alors que les portières des wagons claquaient les unes après les autres, ils nous enlevèrent nos bracelets.

– Qu'on ne vous revoie plus ! Ne rentrez surtout pas

à Paris car vous allez être recherchés comme évadés ! Quittez la France !

Nous formions un drôle de couple d'évadés avec mon frère. Deux poules échappées d'un poulailler malgré elles.

– Qu'est-ce qu'on fait, André ?

– On rentre à la maison, bien sûr.

Quelle émotion devant cette maison dite de la poste où nous avions coulé tant de jours insouciants ! Dans l'escalier vétuste aux marches usées, j'avançais lentement comme ralenti par le poids des souvenirs qui m'assaillaient. La porte des W.-C. sur le palier était entrouverte. Nous marquâmes un dernier temps d'arrêt avant de frapper à la porte. Celle-ci s'ouvrit brusquement et ma mère nous enveloppa de ses bras protecteurs. Nous avions à peine repris nos esprits que, déjà, une odeur familière nous flattait les narines.

– Mon petit Joseph, je t'ai préparé ton plat préféré.

Effectivement, des boulettes accompagnées de petites pâtes cuisaient à feu doux et n'attendaient que mon bon vouloir.

– Mais, maman, comment savais-tu que nous allions arriver ce soir ?

– Idiot ! Tu m'as envoyé une carte postale pour me dire quel jour vous seriez libérés. Ta mère n'est pas encore folle !

La première boulette, je la gardai dans la bouche avant de croquer dedans afin que mon palais s'imprègne de son parfum. Je mangeai lentement, respirant une goulée de bonheur entre deux bouchées. Ma mère nous dévorait des yeux. Elle se rassasiait de nous comme nous nous enivrions de son repas.

Et mon frère, les yeux baissés, commença à parler. Lui, le taiseux, qui n'avait pratiquement pas ouvert la bouche durant toutes ces semaines, il restitua dans le moindre détail, sans exagération, mais sans pudeur non plus, tout ce que nous avions enduré. Son exceptionnelle mémoire et son sens de la synthèse étaient intacts. Une fois de plus, j'étais bluffé par cette fantastique machine intellectuelle qu'était mon grand frère.

Ma mère, contrairement à son habitude, ne l'interrompit pas une seule fois. Mes deux sœurs, quant à elles, écoutaient bouche bée.

– Voilà, c'est tout. Nous avions juste de quoi acheter deux tickets de métro et nous sommes venus directement ici. Maintenant, il ne faut pas se faire d'illusions, nous sommes, que nous le voulions ou non, deux évadés et en tant que tels recherchés. Ils ne vont pas tarder à débarquer ici.

Ma mère ne posa aucune question. Son visage marquait une résolution que je lui avais rarement vue.

– Demain, j'irai chez la tante. Elle nous trouvera un passeur. Nous allons filer au plus vite retrouver papa. En attendant, cette nuit vous allez dormir dans la chambre d'André au sixième. Ce sera plus prudent. Ils n'iront pas vous chercher là-haut.

Combien de fois j'avais rêvé de passer une soirée entière avec mon frère dans sa garçonnière ! Maintenant que cela m'était donné, je m'en mordais les doigts car je n'arrivais pas à trouver le sommeil. André, lui, dormait du sommeil du juste. J'étais inquiet, tendu. J'aurais été mieux auprès de ma mère. Il me semblait entendre des bruits, des pas. La nuit m'enveloppait de sa rumeur et les murs, même, semblaient m'épier.

Vers cinq heures du matin, n'y tenant plus, je suis descendu à l'appartement du troisième dont j'avais la clef. Mais, au moment où je l'introduisais dans la serrure, la porte s'ouvrit d'elle-même, et je perçus des bribes d'une discussion un peu vive entre ma mère et des visiteurs.

– Où sont vos fils ?

– Si vous pouviez me le dire, cela me rassurerait. J'ignore où ils sont. Ils ont été arrêtés.

– Vous devez bien avoir des photos d'eux ?

– Des photos ! Des photos ! Avant la guerre, je n'avais pas besoin de photos pour les voir, mes fils !

– On nous a signalé un petit avec un pardessus à carreaux et une casquette...

Je ne demandai pas mon reste et filai rejoindre mon frère.

– André, André, réveille-toi, il y a les flics chez maman.

– Oui, et alors ?

– Mais qu'est-ce qu'on fait ?

– Ce qu'on doit faire à une heure pareille : dormir. Couche-toi et ferme la porte à clef.

Et André se rendormit aussitôt. Décidément, j'étais seul. Mon angoisse ne faisait qu'empirer. Je tremblais dans le lit sans pouvoir me contrôler. Des pas à nouveau, puis quelqu'un qui semble taper à toutes les portes.

– André, tu entends ?

Il me répondit, une demi-heure plus tard :

– C'est l'employé du gaz !

– Tu es sûr ?

– Jo ! Cela fait des années que je dors ici ! Je connais ses habitudes.

Le lendemain matin, je ne touchai même pas au petit déjeuner que ma mère avait préparé. Elle aussi avait connu une nuit agitée car, après la visite des flics, notre propriétaire, M. Leblond, qui habitait l'étage au-dessus, était passé la voir.

– La concierge, cette sotte, a dû leur dire que j'habitais l'immeuble. Je ne leur ai pas ouvert, mais ils vont revenir dans la journée, et je ne pourrai pas leur cacher que je vous loue une chambre de bonne en plus.

– Merci pour...

– Ne me remerciez pas ! Tôt ou tard nous serons tous dans la même galère. Sauvez-vous avec vos enfants !

Ma mère n'avait pas perdu de temps. Tous les bagages étaient prêts, et c'est presque en courant qu'elle nous emmena chez notre tante qui habitait boulevard Richard-Lenoir. Cette dernière, arrivée en France en 1903 et naturalisée avant 1929, n'était pas encore concernée par les dénaturalisations, mais elle commençait à envisager de se mettre à l'abri. Chaque fois que j'allais chez elle, je ne me lassais pas d'admirer la salle de bains où trônait une magnifique baignoire. Le confort n'avait pas endormi chez elle la générosité et le sens pratique.

Elle trouva très vite un passeur. Ce dernier décida que nous partirions dès le lendemain. Cette nouvelle réveilla en moi de mauvais souvenirs. Finalement, je me sentais plus rassuré à Paris. Je n'avais surtout pas envie de passer à nouveau la ligne de démarcation.

– Écoute, maman, je vais rester à Paris chez la tante.

– Il n'a jamais été question qu'elle te garde !

– Je me débrouillerai...

– Tu n'as pas le choix. André et toi êtes recherchés par la police.

Mon frère, lui non plus, n'était pas très chaud pour retenter l'aventure, mais la détermination de notre mère ne laissait aucune place à la discussion.

Ce passeur n'était pas bavard. Il avait été payé pour un travail et s'en acquittait le mieux possible. Nous revécûmes, effectivement, à peu près le même scénario : le train, l'attente dans le bistrot d'un petit bourg, et la marche. Une marche interminable dans la neige.

Je ne saurais dire si nous avons fait quinze ou vingt kilomètres, mais je me souviens que nous avons marché des heures durant jusqu'à l'aube. La nuit était si noire que je n'ai pas vu un obstacle et suis tombé dans la neige. Je me suis relevé aussitôt. Ma petite sœur Paulette, qui me suivait dans la file indienne, eut si peur qu'elle fut secouée de sanglots.

– Paulette, arrête de pleurer. Tu peux nous faire repérer.

– Je sais, mais je ne peux pas m'en empêcher. J'ai froid et peur, Jo.

J'aurais voulu prendre dans mes bras ma petite princesse de neuf ans, mais il fallait avancer à n'importe quel prix. Les sentiments, nous les enfouissions, sous nos pieds, dans la neige. Ma mère portait bas de soie et hauts talons, mais je ne m'en aperçus qu'à l'arrivée. Jamais elle ne se plaignit durant cette équipée infernale qui semblait ne jamais devoir prendre fin.

Le jour se levait lorsque le passeur se tourna vers nous :

– Voilà, vous êtes en zone libre. J'ai rempli ma mission. Maintenant vous vous débrouillez.

Il n'eut pas un mot de plus, pas même un « bonne chance ». Ma mère eut un moment de lassitude et s'appuya sur André. C'est alors que je remarquai que ses bas collaient à ses jambes.

– Je crois que j'ai les pieds gelés. Allez ! On repart.

Nous nous sommes tous éparpillés dans la nature. Ma mère n'en pouvait plus, mais une sorte de rage ou de force la tenait debout. Nous avons fini par échouer dans un petit hameau. Nous avions beau frapper à chaque porte, personne ne nous ouvrait. Ma mère a fini par s'effondrer devant une masure. Nous nous sommes affalés à ses côtés. Cela lui a donné un coup de fouet. Elle s'est relevée et a tambouriné avec rage à la porte.

Ont-ils eu pitié ou se sont-ils lassés ? Une paysanne a fini par nous ouvrir. Elle avait même l'air compatissante. Ce rien d'humanité nous réconforta. Elle nous installa devant la cheminée, et la chaleur nous envahit de bien-être.

Nous étions bien et, pour un peu, nous nous serions laissé gagner par le sommeil. Le bonheur, parfois, c'est peu de chose : un café chaud et du pain. Mais le bonheur, par essence, est fragile. Nous n'étions même pas remis de nos émotions que la femme, tout aussi doucement, nous dit :

– Je suis obligée de prévenir les gendarmes. N'ayez pas peur, ils ne vous renverront pas de l'autre côté de la ligne.

Ma mère fut alors prise de panique.

– Ne les appelez pas. Nous allons repartir tout de suite. Personne ne saura jamais que nous nous sommes arrêtés chez vous.

– Soyez raisonnable, madame. Vous n'êtes pas les premiers que nous recueillons ainsi. Ne vous faites pas de mauvais sang. Je vous garantis qu'il ne vous arrivera rien.

Ma mère finit par se calmer. Quelques heures plus tard, les gendarmes nous prenaient en charge et, après un interrogatoire sommaire, ils nous mirent dans un train pour Lyon en nous disant qu'ils se chargeaient de prévenir mon père.

Ce voyage s'est comme effacé de ma mémoire. J'aurais dû être heureux après une pareille épreuve, mais je n'arrivais pas à recouvrer mes esprits. Mon frère s'abîmait en silence dans le paysage, et ma mère souffrait tout en s'efforçant de nous sourire.

– Tout est fini, mes enfants. Nous sommes libres ! Libres !

UN SURSIS LYONNAIS

Je ne puis penser à Lyon sans qu'aussitôt me revienne en mémoire le visage de mon père lorsque nous nous retrouvâmes dans cette ville. Il me sembla qu'il avait, en quelques mois, vieilli de vingt ans. Les traits de son visage amaigri étaient tirés et même ses yeux avaient perdu tout éclat. Sa joie de nous revoir transparaissait pourtant dans un sourire arraché à son épuisement. Il nous étreignit et caressa nos visages comme s'il voulait s'assurer qu'il avait bien retrouvé les siens. André et moi, malgré notre séjour en prison, nous avions bonne mine à côté de lui tant il était blanc.

Très vite, cependant, son comportement démentit son allure. Il n'avait rien perdu de sa farouche volonté. Ma mère fut plutôt heureusement surprise par l'appartement de la place Antonin-Gourju : deux grandes pièces meublées par des bahuts, et une cuisine à la lyonnaise. L'important n'était pas le lieu, mais que nous soyons à nouveau tous ensemble. Nous étions à peine installés que mon père alla quérir un médecin. Ce dernier eut un haut-le-cœur en examinant les jambes de ma mère. Les bas étaient incrustés dans la chair et c'est à la pince à épiler, morceau par morceau, qu'il les retira. Je me serais volontiers enfui pour ne plus entendre ses hurlements de douleur.

Le soir, tandis qu'elle reposait, assommée par des calmants, André fit le récit à mon père de tout ce que nous avions enduré. Au fur et à mesure que les paroles de son fils heurtaient sa sensibilité, je le vis choqué, blessé, angoissé, puis soulagé. Il posa ses mains sur nous en une sorte de bénédiction, comme pour nous signifier que nous étions désormais à l'abri, sous sa protection.

Lorsque l'on a connu la prison et frôlé la mort de près, on ne dort plus jamais seul. La peur est toujours là. Enveloppante. Narquoise. Elle s'infiltre sous les draps, fussent-ils de soie. Je m'endormis aux petites heures de l'aube alors que, déjà, montaient les premiers bruits de la cité. J'hésitais à sortir. Ce fut mon père qui me poussa presque dehors :

– Va prendre l'air, Jo ! Lyon est une ville agréable.

C'était d'autant plus vrai qu'il n'y avait plus aucun uniforme allemand à l'horizon. Les carrefours ne souffraient d'aucun panneau de signalisation en lettres gothiques. Je me sentais à nouveau en France. La tristesse, néanmoins, se lisait sur tous les visages. Partout, ce n'était que grisaille. Me sentant enfin libre après des mois d'oppression, je ne comprenais pas très bien pourquoi il y avait une telle chape sur la ville. Bien sûr, ici comme à Paris, les files d'attente devant les magasins d'alimentation étaient les seuls attroupements concevables.

Mon père me confirma, à mon retour, que le ravitaillement posait de plus en plus de problèmes, malgré les campagnes des environs. Le marché noir régnait en maître. La Révolution nationale de Pétain avait accouché de la France du « Bon Beurre ». Les économies familiales ne résisteraient pas bien longtemps à un tel régime. Bientôt, il ne resterait que les bijoux. Et après ? Ma mère déjà faisait des miracles pour rendre digestes rutabagas, potirons et topinambours qui constituaient l'essentiel de nos repas. J'avais découvert, non sans plaisir, la triperie, mais il était bien rare que mon père réussisse à en trouver. Grâce à un coiffeur, il arrivait de temps à autre à avoir des œufs et du beurre, c'était alors la fête. Pour un peu, nous aurions aussi dévoré les coquilles !

Je me fis bientôt de nouveaux copains et n'eus, je dois le reconnaître, à souffrir d'aucun ostracisme. Il est vrai, aussi, que je ne me drapais pas dans ma judéité. Mes camarades étaient de toute façon plus préoccupés par leurs fantasmatiques conquêtes féminines que par la politique. Tel n'était pas le cas de mon père qui, dans un bistrot, retrouvait d'autres juifs. Je l'accompagnais de temps en temps, car c'était drôle de les entendre refaire le monde ou donner leurs avis de stratèges militaires alors que, une fois qu'ils auraient quitté la table, ils redeviendraient des proscrits que tenaille la peur.

Les revers des armées allemandes face aux Anglais en Libye étaient commentés d'enthousiasme. Décidément, le Lion britannique damait le pion à l'Aigle germanique. L'attaque nazie contre l'Union soviétique, le 21 juin 1941, déchaîna bien évidemment les passions. Les plus exaltés étant ceux qui avaient du mal à dissimuler leur engagement communiste. La percée allemande des premiers mois n'eut même pas raison de leur optimisme.

– Staline sait ce qu'il fait. Il les laisse s'enfoncer, et ensuite l'Armée rouge les prendra au piège.

– Ton maréchal Staline, j'espère qu'il est meilleur militaire que diplomate. Entre nous, il s'est bien fait avoir par Hitler avec son pacte germano-soviétique.

– Tu aurais sans doute préféré que l'URSS soit attaquée en premier. Attends l'hiver russe et tu verras. Même Napoléon n'y a pas résisté.

– On n'est pas dans *Guerre et Paix* de Tolstoï !

Et ils discutaient, pinaillaient, s'indignaient devant mon père qui, malgré ses soucis, riait de bon cœur. Pearl Harbor, le 7 décembre 1941, et, trois jours plus tard, la déclaration de guerre de l'Allemagne aux États-Unis les mirent tous d'accord. Cette fois-ci le conflit devenait mondial et Hitler s'effondrerait tôt ou tard devant la puissance économique et militaire américaine. Mais, toujours, à l'optimisme le plus exalté succédait le pessimisme le plus noir.

– Si ça se gâte pour eux, ils vont envahir la zone libre.

– Pourquoi ? Quel rapport ?

– On dirait que tu ne les connais pas. Nous autres, nous serons les premiers à trinquer.

Mon père n'était pas loin de partager ce sentiment mais, en attendant, il lui fallait nourrir sa famille. Alors, une fois encore, à quarante et un ans passés, il repartit de zéro. Il alla faire le tour des différents grands magasins lyonnais pour proposer son savoir-faire. Il était prêt à tout, y compris à travailler à façon.

Le directeur de *La Petite Jeannette* eut plus de flair que ses confrères. Il fit confiance à mon père ou, plutôt, perçut tout de suite où se trouvait son intérêt. En effet, les persécutions antisémites avaient eu quelque effet sur les ateliers de confection de la région parisienne à qui il manquait désormais une grande partie de leur main-d'œuvre. D'où l'idée de faire venir du travail de Paris et de réexpédier ensuite les vêtements montés sur la capitale.

Non content d'aider son commanditaire à gagner facilement de l'argent, mon père ne manquait jamais de lui offrir des cigarettes afin, me disait-il, d'entretenir l'amitié. Je compris dès lors l'importance du tabac dans les relations humaines. Cela me servirait plus tard, mais ferait, hélas, de moi un fumeur invétéré.

Mon père débuta à nouveau dans la vie et créa, dans notre petit appartement, un atelier composé de deux machines à coudre et d'une presse. Son courage et son acharnement au travail lui tenaient lieu de discours. Il renonça vite à demander quoi que ce soit à mon frère l'intello qui, pour tout ce qui était manuel, aurait pu s'attirer la fameuse réplique de Charpin à Fernandel dans un film de Pagnol : « Tu n'es pas bon à rien, tu es mauvais à tout. » Quant à moi, je n'eus pas à me forcer, car j'adorais ce métier et étais devenu un as du fil et de l'aiguille. En outre, j'aurais eu trop honte, si je n'avais pas aidé les miens à s'en sortir.

La prison m'avait endurci et je surprenais parfois l'œil interloqué et ému de mon père qui montait les manteaux que je finissais ensuite. À nous deux, lui à la machine, moi à la main, nous faisions de cinq à six pièces chaque jour. Nous ne comptions jamais nos heures. Un jour, excédé par les passages d'André qui, entre deux livres ou l'écoute de Radio Londres, venait nous admirer dans nos œuvres, je l'agressai stupidement :

– Merde ! Au lieu de glander, tu pourrais aider papa !

– Il fallait me le demander. Qu'est-ce que tu veux que je fasse, Jo ?

– Écoute, c'est simple, tu prends ce fer et tu repasses les manteaux déjà montés.

– Je m'y mets tout de suite, Jo.

André avait la meilleure volonté du monde, mais dans ses mains un fer de six kilos au gaz se révélait une enclume et le manteau ressembla vite à une serpillière mal rincée tant il avait mis d'eau !

– C'est bien, André. On en reparlera une autre fois. Retourne lire.

Et il s'éloigna, franchement désolé. Je n'avais besoin d'aucune récompense sinon celle de voir mon père être fier de moi. J'aimais lui prouver qu'il pouvait attendre encore plus de moi. Un après-midi, alors qu'il était descendu chercher du charbon à la cave, je finis de repasser une pièce. À son retour, bien évidemment, il se mit à la chercher partout.

– Jo ! C'est une histoire de fous ! Le manteau a disparu !

– Regarde sur le mannequin, papa !

Il tourna autour, n'en croyant pas ses yeux, avant de laisser éclater sa joie et de me serrer dans ses bras. J'étais encore son petit garçon et déjà son compagnon de travail. Je devins dès lors un partenaire à part entière. Je connaissais ses talents de conteur mais, dès lors, j'avais droit à mon festival quotidien d'histoires en yiddish. Je riais tellement que des larmes de joie perlaient à mes yeux. Si triste qu'ait été son enfance en Pologne, il réussissait à la rendre drôle.

Désormais, le soir, vers sept heures-sept heures et demie, je le virais sans ménagement pour entreprendre le ménage, accrocher les vêtements et donner un dernier coup de fer pour que la livraison du lendemain soit, comme à l'accoutumée, impeccable. Quand il rencontrait ses amis, mon père n'avait que mon prénom à la bouche. Yosseiki par-ci, Yosseiki par-là. Le petit garnement de Belleville s'était mué en un jeune homme responsable. Il ignorait que le soir, lorsque je sortais prendre l'air après une journée de travail, il m'arrivait de rencontrer des copains qui avaient des contacts dans la Résistance lyonnaise. C'est ainsi que je me retrouvai à distribuer des tracts dans des boîtes aux lettres. Une fois, ce fut plus sérieux puisque mes camarades m'entraînèrent dans une expédition à l'issue de laquelle, armés de mitraillettes, ils désarmèrent des policiers et leur volèrent leurs armes.

Pourtant, je demeurais fragile, hanté par le souvenir de mon séjour en prison. Quelque part, je nous devinais en sursis. D'ailleurs, dès que l'on frappait un peu fort à la porte de l'appartement, j'avais le cœur qui battait la chamade.

Un jour, des coups secs retentirent.

– Qui est-ce ?

– Police ! Ouvrez !

J'entrebâillai la porte et aperçus le visage hilare du docteur Chatte qui rendait visite à ma mère souffrante. J'allai, sans un mot, chercher mon père. Lorsque ce dernier revint, il s'inquiéta de mes traits décomposés.

– Que se passe-t-il, Jo ?

– Il a dit « Police » après avoir frappé.

Le docteur Chatte, qui était « le médecin » des juifs de Paris, avait retrouvé une partie de sa clientèle à Lyon. Il était unanimement respecté et personne ne se serait jamais permis de le rudoyer. Aussi fut-il saisi quand mon père lui tomba dessus.

– Mais ça va pas ! Vous avez perdu la tête...

– Calmez-vous, votre femme va beaucoup mieux.

– Je ne vous parle pas de ma femme mais de mon fils. Vous savez par où il est passé, et vous vous amusez à gueuler « Police » !

Interloqué, le docteur Chatte rougit et demeura silencieux un instant.

– Pardonne-moi, Jo. J'ai agi stupidement. Tu sais, moi aussi je vis sur les nerfs. Alors, de temps en temps...

– C'est rien, docteur, c'est déjà oublié.

Le travail affluait de plus en plus et mon père s'énervait devant mes ardeurs intempestives à en faire toujours davantage. J'étais mû par une sorte d'orgueil ou d'ambition : je voulais l'épater. Il finit par embaucher un couple d'ouvriers. Michel aidait mon père à la machine, et Dora m'assistait pour les finitions. Bientôt, une finisseuse nous rejoignit. Nous formions un quintette redoutable. Un véritable orchestre dont chaque membre jouait à la perfection sa partition. Ma mère rayonnait. Non seulement elle avait ses enfants et son mari auprès d'elle mais, en outre, grâce à notre travail, nous ne manquions de rien, et pouvions même nous procurer au marché noir les œufs, le beurre et le lait.

Finisseur, mécanicien presseur, j'étais le livreur de la maison. J'eus à ce titre à subir les foudres du patron de *La Petite Jeannette.* Était-il de mauvaise humeur ? Avait-il des ennuis avec ses clients parisiens ? Mon père avait-il oublié de lui apporter sa prime en cigarettes ? Qu'importe ! Il fut tout simplement odieux.

– Qu'est-ce que c'est que ce travail ? Pour qui croyez-vous donc travailler ?

Et sur ce, il envoya valser ma livraison à travers la pièce, comme si ce n'était qu'un ballot de chiffons. La rage me prit à mon tour, et je lui balançai à travers la figure la « toilette » qui servait à ranger les vêtements.

Je croyais me faire engueuler par mon père, et ce fut le contraire qui arriva.

– Tu as bien fait, mon fils. Je vais aller m'expliquer avec lui, et on verra qui a le plus besoin de l'autre.

L'entrevue ne fut même pas orageuse, car mon père ne lui laissa pas le temps de parler :

– C'est fini ! Je ne prendrai plus jamais de travail chez vous. Vous vous débrouillerez avec vos interlocuteurs à Paris.

– Allons, calmez-vous ! De vieux amis comme nous ! C'est un malentendu.

– Vous êtes moins faraud que devant mon gosse. Il a eu raison de ne pas se laisser marcher sur les pieds.

Mon père diversifia sa clientèle et à partir de ce jour-là fut un peu plus rude en affaires, n'oubliant jamais toutefois que nous étions dans une situation où aucune fantaisie ne nous était permise.

Nous n'eûmes pas le temps de nous réjouir du débarquement anglo-américain à Casablanca, le 8 novembre 1942. Le lendemain, les Allemands franchissaient la ligne de démarcation et c'en était fini de la zone libre. Les larmes de ma mère, les mains tremblantes de mon père, alors que passaient sous nos fenêtres les premiers détachements de l'armée allemande. Telles sont les images qu'il me reste de cette journée où les mots n'avaient plus aucun sens. Tout ce que nous avions reconstruit avec peine en quelques mois était remis en question.

Un modéliste, ami de mon père, était présent ce jour-là. Il fut le seul à trouver les mots justes :

– Noussen ! Il faut nous enfuir, passer en Suisse, sinon nous sommes tous fichus.

– Il a raison, renchérit ma mère. Je vais faire les bagages !

– Du calme ! On ne va pas s'en aller comme cela sur un coup de tête.

Mon père paraissait pétrifié à l'idée de devoir à nouveau tout quitter et repartir de zéro avec sa femme et ses quatre enfants. L'ami revint à la charge plusieurs fois, et bientôt nous annonça qu'il avait trouvé un passeur. Les disputes entre mes parents redoublèrent d'intensité. Mon père en vint même à surnommer ma mère « Madame Voyage », tellement elle lui paraissait n'avoir en tête que l'idée de tout quitter.

Le modéliste réussit à franchir la frontière suisse avec sa femme et leurs deux enfants, et ils passèrent le reste de la guerre de l'autre côté des Alpes.

La vie quotidienne changea à Lyon du jour au lendemain. Il n'était plus question de circuler à peu près librement. André, en particulier, devait rester cloîtré à la maison. En effet, comme nous ne nous étions pas déclarés comme juifs, il avait dû partir pour les Chantiers de Jeunesse d'où il s'était évadé. Un dimanche après-midi où nous étions tous sortis, nous l'avions retrouvé nous attendant devant la porte de l'appartement. Avec sa boule rasée, il ressemblait à un bagnard de Cayenne.

Des officiers français avaient débarqué à la maison pour ramener au camp le réfractaire. Mon père les avait calmés en leur expliquant que son fils ne supportait pas la vie en collectivité. Un certificat médical avait fait le reste. Néanmoins, il n'était pas exempté du STO, et cette menace planait sur lui s'il était pris lors d'une rafle.

Les nazis étaient parfaitement secondés par la Milice de Darnand. Je redoutais d'ailleurs plus les miliciens que les Allemands, car j'avais l'impression que des compatriotes seraient plus à même de me confondre. L'accent yiddish de mes parents, la situation d'André et la fragilité de mes sœurs faisaient que j'étais le seul à pouvoir encore me faufiler dans la ville. Toutefois, j'étais à la merci du moindre incident, du premier contrôle d'identité. Je prenais des précautions mais ne pouvais allonger indéfiniment mes circuits. Un après-midi, rue de la République, sur le trottoir où *Le Progrès*, le grand quotidien lyonnais, avait son siège, je pressais le pas, car la Milice était installée en face. Je filais, lorsque je tombai nez à nez sur deux jeunes miliciens à l'accent du terroir. Mon nom, Gourenzweig, mon prénom, Joseph, et ma profession de tailleur leur parurent suspects.

– T'es tailleur, donc t'es juif !

Je leur arrachai ma carte d'identité des mains.

– Ça va pas, non ! Depuis quand il faut être juif pour être tailleur !

Ils en convinrent après m'avoir examiné de plus près. Je ne ressemblais pas aux caricatures de la presse antisémite : ni doigts crochus ni poils sur les mains, et mon accent trahissait le Parisien pur jus. Je rentrai chez moi, le cœur battant et la gorge serrée. Je n'osais pas me retourner pour voir si j'étais suivi. Une autre fois, dans un garage, je faillis être la victime d'un copain mécanicien qui prenait les intérêts de son patron trop à cœur. Nous nous promenions tranquillement lorsqu'il repéra un homme qui sortait d'une Traction avant.

– Regarde ce gars-là, il a fait réparer sa voiture, et il n'a pas payé sa facture.

– Et alors ?

– Tu vas voir comment je vais récupérer le fric !

Je n'avais pas eu le temps de le raisonner que, déjà, il fonçait sur le type.

– Mon patron vous cherche. Vous ne l'avez pas réglé.

L'homme se retourna, toisa mon copain et marmonna :

– Dis-moi, toi, tu ne serais pas juif par hasard ?

– Pourquoi vous me demandez ça ?

– Parce que je fais partie de la Gestapo française.

Instinctivement, je reculai à petits pas.

– Tu as de la chance, je suis dans un bon jour. Alors, tu te casses et que je ne te voie plus jamais !

Évidemment, lorsque je rentrais, chacun dans l'atelier me demandait comment cela s'était passé, et le moindre retard de ma part suscitait l'inquiétude. Aussi, quel ne fut pas leur émoi lorsque j'arrivai un jour trois heures plus tard que prévu.

– Que t'est-il arrivé, Jo ? Tu te rends compte l'heure qu'il est ?

– Vous n'allez pas me croire. Il s'est passé quelque chose d'extraordinaire. J'étais debout sur la plate-forme du bus à côté d'un monsieur qui fumait un énorme cigare. Des cendres sont tombées sur sa cravate sans qu'il s'en aperçoive. Alors, je l'ai épousseté...

– En quoi ça te regardait, ces cendres, Jo ?

– Laissez-moi continuer. Donc, je l'époussette, et d'un seul coup il s'est mis à hurler : « Où il est, mon diamant ? » Puis, me regardant, il a gueulé de plus belle : « Vous m'avez volé mon diamant ! Rendez-le-moi ! » Finalement, le contrôleur nous a fait descendre tous les deux à l'arrêt suivant et la police est arrivée.

– Dans quelle histoire tu t'es mis, Jo !

– Attendez ! Les flics m'ont passé les menottes et conduit au commissariat. Là, j'ai eu l'impression que le commissaire avait un drôle d'air en examinant ma carte d'identité.

– Elle n'est pas fausse !

– Non ! Mais il avait l'air d'avoir compris que j'étais juif. Enfin, il ne m'a rien dit et s'est tourné vers le bonhomme : « Pourquoi accusez-vous ce garçon de vous avoir volé ? Il a l'air de bonne foi ! Peut-être que vous l'avez laissé chez vous, ce diamant ? – Non ! Non, je suis sûr de moi. » L'autre ne voulait rien entendre, il m'accusait toujours de l'avoir volé. « Vous avez le téléphone ? » lui a demandé le commissaire. Et comme mon accusateur avait répondu « oui », il lui a fait appeler sa femme pour qu'elle vérifie si le diamant était bien là.

– Alors, il y était ?

– Laissez-moi reprendre mon souffle, tout de même. Oui, il était chez lui, le diam !

– Il s'est excusé, au moins ?

– Il n'a pas eu le temps, car le commissaire était furieux. Il ne voulait pas me rendre mes papiers.

– Mais puisque tu étais innocent !

– Il voulait que je porte plainte, que j'engage une procédure...

– Un juif, faire un procès en ce moment... Il rêve, ton commissaire !

– Je peux parler ?

– Oui, oui, continue.

– Bon, là-dessus en tout cas, le type était paniqué et, comme le commissaire avait parlé de dommages et intérêts, il m'a proposé deux mille francs.

– Tu les as ?

– Du calme. Avant que je réponde, le commissaire avait secoué la tête. J'ai donc refusé. Et cela a continué ainsi. À chaque chiffre, le commissaire remuait du chef. Moi, j'aurais voulu en finir le plus vite possible. Je n'étais pas fier du tout. L'autre a fini par dire : « Je vais vous donner cinq mille francs et on oublie cette histoire. » Et, comme je refusais toujours, il s'est énervé à nouveau : « Qu'est-ce que c'est que ce salopard ! » Et il a sorti les cinq mille francs et me les a mis de force dans la main.

– Et alors ?

– Et alors ? Ben, je me suis réveillé. J'avais rêvé.

Ce fut la révolution dans l'atelier, mon père n'étant pas moins excité que ses ouvriers. Les ciseaux et les fers volèrent bientôt dans la pièce, je refermai la porte en vitesse pour échapper à leur fureur, tout en continuant à rire. André partagea mon hilarité lorsque je lui racontai comment je les avais tous tenus en haleine.

Mon frère était devenu un expert militaire redoutable, car sa prodigieuse intelligence lui servait désormais à analyser les mouvements des troupes. De novembre 1942 à février 1943, il fut un impitoyable commentateur de la bataille de Stalingrad, et il triompha lorsque la VIe armée allemande de von Paulus capitula devant l'Armée rouge. C'était le tournant de la guerre, nous le sentions de toutes nos fibres. Un peu d'espoir luisait à l'horizon.

L'atmosphère était lourde à Lyon au printemps 1944. Depuis que la victoire des armes semblait avoir changé de camp, la nervosité était grande chez ceux qui avaient tout misé sur le triomphe du Reich millénaire. La Milice et la Gestapo française n'étaient plus à l'abri des coups de main de la Résistance et la pression des maquis se faisait plus rude.

Nous nous activions dans l'atelier lorsque des coups sourds retentirent dans le mur. Mon frère appelait ! Nous accourûmes tous car il n'était pas dans ses habitudes de nous déranger pour un rien. André était debout et ses yeux brillaient.

– Ils ont débarqué en Normandie...

Il n'eut pas le temps de terminer sa phrase ! Nous étions comme fous. Nous nous embrassions en une espèce de valse folle. Cette fois-ci, même les plus pessimistes ne pouvaient plus en douter : le cauchemar prendrait bientôt fin. La radio de Vichy annonçant que les envahisseurs étaient cloués sur les plages n'assombrit même pas notre humeur.

– S'ils disent cela, c'est que l'opération a réussi.

Radio Londres nous confirma dans nos espérances. Mon père paraissait avoir rajeuni. Il avait mille projets en tête :

– Tu verras, Yosseiki, quand nous retournerons à Paris tout ce que nous allons faire ensemble. Nous serons les rois !

– Et maman la reine.

Les jours et les semaines qui suivirent confortèrent notre optimisme. Plus que jamais, nous étions suspendus aux informations de Radio Londres. Maurice Schumann, une des grandes voix des « Français parlent aux Français », avait foulé le sol de France, bientôt suivi par de Gaulle lui-même. L'Histoire s'accélérait presque sous nos yeux.

J'avais repris des contacts avec mes copains de la Résistance lyonnaise. Ils étaient tendus, inquiets. Certes, ils ne doutaient pas de notre prochaine libération mais craignaient que le prix à payer ne fût élevé. Deux d'entre eux me prirent un jour à part pour me faire la leçon.

– Tu devrais faire attention, Jo, lorsque tu circules en ville. Il y a de plus en plus de contrôles d'identité.

– Que voulez-vous qu'il m'arrive ! Ils sont foutus !

– Foutus pour foutus, ils sont capables du pire. La Gestapo est sur les dents. Les Français, surtout. Ils savent qu'il n'y aura pas de quartier pour eux.

– Cela change quoi ?

– Ils vont faire n'importe quoi ! Se venger à l'avance. Partout où ils le peuvent, ils arrêtent des juifs. Des trains continuent à partir pour l'Allemagne.

Qu'aurais-je pu leur répondre ? J'étais abasourdi car je ne doutais pas un seul instant de leur bonne foi. Ces deux garçons un peu plus âgés que moi m'avaient toujours manifesté de la sympathie et n'avaient pas la réputation d'être des plaisantins.

– Mais que voulez-vous que je fasse ?

– Toi et ta famille, vous êtes en danger ici. Cachez-vous à la campagne.

– Mon père ne voudra jamais tout abandonner à nouveau.

– Il le faudra bien.

– Non ! C'est impossible !

– Alors, dans ce cas-là, on va te passer une flûte.

Leur « flûte » ne devait rien à la boulangerie, et encore moins à la musique. Une mitraillette ! Moi qui n'avais jamais tenu une arme, j'étais désemparé. Ils le sentaient, mais personne alors n'avait de temps à perdre en vaine sensiblerie.

– S'ils viennent, tu tires ! Ce sera eux ou toi !

J'avais l'impression d'être soûl en rentrant chez moi. Que faire ? Pourquoi fallait-il, alors que tout allait bientôt s'arranger, que le malheur rôde encore autour de nous ? Leurs visages et leurs mots cognaient dans ma tête. J'avais besoin de réfléchir, de prendre du recul, mais j'étais trop choqué. « Vous êtes foutus, foutus. » Il me semblait entendre l'écho de ces mots.

J'arrivai exténué et livide chez moi. Mon père, qui, quelques heures auparavant, m'avait encouragé à sortir, remarqua tout de suite que quelque chose clochait.

– Viens avec moi dans la cuisine !

Il s'installa en face de moi et essaya d'abord de me dérider :

– Tu as eu une contrariété ? On t'a posé un lapin ?

Mon silence le fit immédiatement changer de ton.

– Bon, maintenant explique-moi d'homme à homme ce qui se passe.

Que devais-je dire ? Que fallait-il taire ? Dans le doute, je lui débitai en vrac mon histoire. Plus je parlais, plus je remarquais qu'il se contenait pour ne pas m'interrompre. Lorsque j'eus achevé, il attendit quelques instants avant de réagir d'une voix blanche :

– Tu ne m'avais jamais dit que tu avais des copains résistants. Ce n'est pas possible d'agir ainsi. Mais quel âge as-tu donc ?

Cela n'aurait servi à rien que je cherche à argumenter avec lui. Pour la première fois, nous n'avions plus la même logique. Comment, alors, n'aurais-je pas pensé à André qui, lui aussi, jadis, avait essayé de le prévenir du danger qui nous menaçait ? Le bien-être et la sécurité de sa famille étaient les seules préoccupations de mon père, et, par mon aventurisme, je les mettais en danger, ce qu'il ne pouvait tolérer.

– Tu as compris maintenant ! Promets-moi, Jo, de ne plus revoir tes copains !

Je promis, la mort dans l'âme, et fus fidèle à ma parole. C'est depuis ce dimanche 15 juillet 1944 que j'ai compris : l'obéissance peut être la pire des soumissions à un destin.

Je restai enfermé avec mon secret car je n'osais en parler à mon frère qui n'était presque plus sorti depuis plus de deux ans. J'apportais le monde extérieur à ce reclus volontaire, mais, comme n'importe quel môme, j'enjolivais mes aventures et allais jusqu'à me prêter des conquêtes féminines, ce qui avait le don de le mettre en rogne.

Trois jours passèrent. Trois jours ordinaires rythmés par les nouvelles des différents fronts. Mon père, persuadé de la justesse de ses vues, paraissait avoir oublié l'incident. Les heures coulaient presque tranquilles à l'atelier où parfois fusaient quelques éclats de rire.

Lors de mes sorties dans Lyon, je ne constatais rien d'anormal. Les combats semblaient loin et la douceur de l'été jetait un voile sur la lourdeur de l'époque.

Paulette me manquait. La directrice de l'école avait réussi à convaincre mes parents de la laisser être évacuée à la campagne avec les autres enfants des écoles lyonnaises, car la ville risquait d'être bombardée. C'était la première fois qu'elle nous quittait, et chacun y avait été de ses conseils : faire attention, ne pas trop parler. Elle nous avait écoutés avec son habituelle sagesse et avait hoché la tête en signe d'acquiescement. Ses cheveux courts, d'un beau brun tirant vers le châtain, encadraient un visage d'une grande douceur qu'ornaient des lunettes. Elle nous a dit au revoir un dimanche, et nous avions promis de lui écrire. Le temps nous manqua pour tenir notre promesse.

ESCALES AVANT L'ENFER

Tous les 18 juillet, quelles que soient les circonstances, je ressens une émotion particulière, intransmissible, car c'est ce jour-là de 1944 que tout a basculé et, jusqu'à mon dernier souffle, je demeurerai l'otage de ces heures.

Rien à signaler. Tel aurait pu être, jusqu'au milieu de l'après-midi, le descriptif de cette journée. Mon père avait établi des règles de sécurité précises. Dès que la sonnette retentissait, les ouvriers rangeaient leur travail en cours et faisaient mine d'être en visite. L'atelier était transformé illico presto en salon. Je ne pouvais, quant à moi, jouer à l'indifférent. Chaque fois, mon cœur battait la chamade, et il en fut ainsi lorsque l'on sonna à la porte.

Mon père alla ouvrir et j'entendis des voix. J'entrebâillai doucement la porte et aperçus trois hommes. Ils encadraient mon père qui était allé chercher ses papiers dans le placard de l'entrée. Je refermai aussitôt, le front noyé de sueur. Les ouvriers m'interrogèrent du regard.

– C'est la Gestapo. Des Français.

J'avais chuchoté plutôt que parlé. Et nous restâmes pétrifiés, essayant de distinguer ce qui pouvait se dire de l'autre côté du mur.

– Jo ! Viens présenter tes papiers.

Il n'y avait pas l'ombre d'un sentiment sur le visage des trois gestapistes. Deux brutes et le troisième qui s'était composé l'air d'un chef : lunettes noires et un grand chapeau. Râblé, presque corpulent, tout chez lui transpirait la morgue et la dureté. Les ouvriers durent à leur tour lui donner leurs pièces d'identité. Il les tenait du bout des doigts comme si elles avaient senti le poisson pourri.

Soudain, l'homme toisa mon père :

– Il n'y a pas le tampon « juif » sur votre carte. Vous n'êtes pas juif ?

– Non !

– Eh bien, on va vérifier cela à la Gestapo. Si vous dites vrai, ce ne sera pas long.

Mon père comprit alors que le piège s'était refermé sur nous et qu'il ne servirait à rien de mentir.

– Nous sommes juifs.

– Habillez-vous, tous !

Nous nous retrouvâmes dans la cuisine où mon père joua son va-tout.

– Je vous donne tout ce que j'ai. Laissez-nous une chance.

Ils ne répondirent pas. Ce que nous avions, s'ils se donnaient la peine de le chercher, ils l'auraient. Mon père n'insista pas. Il avait compris. Les nervis ouvraient placards et tiroirs, et fouillaient sans vergogne. J'avais été suffisamment prévenu par mes copains résistants. Il n'y avait rien à attendre de ces brutes. Inconscience ? Insolence ? Comment savoir ? En tout cas, avec la fougue de mes dix-sept ans, j'interpellai le chef :

– Vous êtes français ?

– Oui.

– J'aurais préféré être arrêté par des Boches !

Le chef ne broncha pas. Il sortit un 7,65 de sa poche et le braqua sur moi. Ma mère eut un malaise mais se reprit vite :

– Joseph, tais-toi !

– Maman, ici ou là-bas, c'est pareil. Nous sommes tous foutus.

Le chef me mit les menottes en marmonnant :

– Cela te passera l'envie de jouer les grandes gueules.

Puis, se tournant vers ses acolytes :

– Vous emmenez les autres. Je me charge de lui. Tu dois être un petit résistant, toi ?

Nous descendîmes et marchâmes en direction de la place Bellecour. J'avais le rouge au front de marcher ainsi les menottes aux poignets. Nous n'avions que quelques centaines de mètres à parcourir. Je le provoquai encore :

– Qu'est-ce que vous avez contre moi ? Je suis né en France comme vous. La différence est que je suis juif et vous catholique.

Il ne répondait rien et son visage demeurait impassible, comme si je lui avais parlé dans une langue inconnue. Qu'avais-je à perdre ? Je continuai :

– J'ai dix-sept ans et vous m'emmenez à la mort ! Ça ne vous fait rien ? Vous n'avez pas d'enfant ?

Il se tourna enfin vers moi et, presque doucement, m'avoua qu'il avait un fils de mon âge.

– Mais alors ? Je dois mourir parce que je suis juif ?

– Je fais mon boulot. Tu es un garçon courageux. Ça m'embête pour toi. Pas pour les vieux juifs comme tes parents !

Nous avions ralenti le pas.

– Regarde ! Tu vois ça ?

Il avait retiré son chapeau. Une cicatrice barrait son crâne dégarni.

– Ce sont les communistes qui m'ont fait ça !

– Quel rapport avec moi ? Je suis juif, pas communiste.

Je le sentais troublé, moins arrogant. J'avais touché

cette brute. Peut-être pensait-il tout simplement à son fils ?

– J'en ai rien à foutre, moi, de la politique.

– Je ne peux pas te lâcher. Nous ne sommes pas venus par hasard.

Sur ce, il sortit une enveloppe de son veston, qu'il rangea aussitôt.

– Nous avons reçu une lettre de dénonciation. On doit vous ramener tous à la Gestapo.

Qui avait bien pu nous donner aux nazis ? Qui gênions-nous ? Sur le moment, je ne me posai même pas la question. J'étais abasourdi. Des années plus tard, mes soupçons se porteront sur la belle-mère de mon cousin Abraham, le militant trotskiste qui devait, après bien des aventures, mourir en combattant dans un maquis. Cette épicière lyonnaise n'avait pas supporté que sa fille épousât un juif, communiste de surcroît. Elle avait toutes les qualités pour que je ne l'oublie pas : laide, méchante, envieuse, antisémite. Seules des moustaches ajoutaient un peu d'humanité à ses traits. Mais je n'ai jamais eu une seule preuve. À quoi bon, d'ailleurs ? Qu'est-ce que cela aurait changé ? La vengeance n'a jamais aidé à cicatriser une blessure.

Nous marchions donc, sans éveiller l'attention des passants. Il est vrai qu'à l'époque la sécurité consistait pour le plus grand nombre à ne rien voir ni entendre.

– Enlevez-moi les menottes, s'il vous plaît. J'ai l'impression de jouer dans un film américain.

Il le fit sans rechigner. Je ne savais plus que faire pour retarder notre arrivée à la Gestapo. Aussi, passant devant un bistrot, je tentai à nouveau ma chance :

– J'ai très soif. On pourrait pas boire un verre ?

– Pas de problème. On va boire un coup.

Nous nous assîmes, et il commanda deux bières. Nous échangions des banalités et les autres consommateurs auraient très bien pu nous prendre pour deux copains ou, pis, pour un père et son fils !

– J'ai envie de pisser.

– Patronne ! Où sont les toilettes ?

– Au fond à droite. Dans la cour.

– Vas-y !

D'un côté les W.-C., de l'autre une porte donnant sur la rue. Je fonçai. Adossé contre un mur, il m'attendait calmement, le 7,65 à la main. Je fis marche arrière et le retrouvai dans le café, assis à la même place. Je ne savais plus où j'en étais.

– Je n'ai aucun moyen de me tirer ?

– Si tu avais essayé, tu prenais trois balles dans la peau.

Nos bières bues, nous reprîmes notre marche vers la Gestapo. Alors que nous étions presque arrivés, il sortit de l'argent de sa poche et me le glissa dans ma poche-gilet.

– Une fois là-bas, tu n'auras qu'à leur dire que tu veux partir comme travailleur libre en Allemagne, et tout se passera bien.

Y croyait-il ? Disait-il cela pour me rassurer ou se déculpabiliser ? Une seule chose est certaine : il s'était noué entre nous d'étranges relations. De juif, j'étais redevenu un être humain à ses yeux !

Des SS montaient la garde devant cet immeuble dont la sinistre réputation était connue de tous les Lyonnais. Nous montâmes au premier et entrâmes dans une pièce où un homme attendait. J'apprendrai plus tard que les résistants l'avaient surnommé « Gueule tordue » tant sa cruauté confinait au vice. Il faisait la pluie et le beau temps, et jouissait sans retenue de son pouvoir de vie ou de mort. Il torturait à plaisir comme d'autres boivent. C'était, je crois, Paul Touvier.

Mon accompagnateur s'était affalé dans un grand

fauteuil en cuir. Il avait enlevé ses lunettes et les essuyait. Ici, il n'était plus le chef, mais un subordonné qui devait rendre des comptes à quelqu'un qui ne supportait pas qu'on laissât s'échapper une seule proie.

– Pourquoi est-il seul ? Où sont les autres ?

– Ils arrivent.

– Il a opposé de la résistance, celui-là ?

– Non. Je l'ai emmené pendant que les autres préparaient leurs frusques.

Un mot de lui sur mon attitude et je passais un sale quart d'heure. Quelques instants plus tard, mes parents et la finisseuse arrivèrent, encadrés par les deux sbires. André, Marie et le couple d'ouvriers n'étaient pas là. Avaient-ils réussi à leur échapper ? Gueule tordue ne me laissa pas le loisir de rêver à cette éventualité car, déjà, il avait entrepris d'interroger mon père.

– On nous a dit que vous êtes juif, et vous prétendez le contraire ?

Deux claques magistrales ponctuèrent la question. Leur bruit fut tel sur les joues de mon père que je sursautai. Il examina ensuite, pour la forme, les papiers de ma mère. La cause était entendue et ne méritait pas qu'il s'attardât davantage. Juifs, ils seraient déportés. La finisseuse avait en tant qu'étrangère une carte verte à accordéon. Ce fameux document que tout immigré devait faire tamponner au commissariat ou à la gendarmerie chaque fois qu'il changeait de localité. Les papiers officiels ne passionnaient pas Gueule tordue. Il préférait les rapports directs.

– Et vous, madame, vous êtes juive ?

– Non, monsieur, répondit la malheureuse avec un accent yiddish à couper au couteau – d'ailleurs, à ce niveau, ce n'était plus un accent mais presque une caricature d'accent.

Cela n'eut pas le don d'amuser Gueule tordue, qui la

frappa à la volée. Mais la finisseuse persista dans ses dénégations.

– Je ne suis pas juive.

Et plus il tapait, plus elle niait.

– Je suis une catholique polonaise.

Il s'acharnait, elle persistait. Écœuré, peut-être par le visage en bouillie de sa victime, Gueule tordue remplit un papier avant de crier :

– Embarquez-la, c'est une youpine comme les autres.

On nous conduisit tous dans une grande pièce où nous dûmes nous déshabiller afin qu'ils puissent ramasser tout ce que nous avions, des vêtements aux bijoux en passant par l'argent liquide. Nus, le nez au mur, nous n'étions plus que des animaux, fin prêts pour les abattoirs du Reich. La fouille continua dans une espèce de couloir où l'on nous avait transférés. Je ne pouvais rien voir, mais ce n'étaient que cris de douleur et hurlements. Un homme qui avait dissimulé un bijou dans son anus fut massacré.

« Pitié ! Pitié ! » Ce mot arraché à des cordes vocales venait de partout, mais dans cet univers il avait été rayé du vocabulaire. Hommes, femmes, enfants. Multitude de corps meurtris. Danse macabre pour des nazis qui avaient encore faim de chair juive. Nous étions dans une sorte de nef des fous. J'avais perdu la notion du temps. J'aurais voulu m'écrouler au sol et m'endormir. Oublier, ne fût-ce qu'un instant.

Nous pûmes enfin nous rhabiller. Il y eut comme une accalmie. Mon père m'apprit alors qu'André était resté caché dans l'armoire de la chambre, et que Marie et les ouvriers avaient profité de la balourdise de leurs gardes pour s'enfuir. Mes parents n'avaient pas voulu tenter leur chance l'un sans l'autre. Ils étaient de ces couples qui partagent encore plus facilement le pire que le meilleur.

Et la nuit vint avec ses rumeurs. De salles voisines nous parvenaient les gloussements de plaisir de femmes et d'officiers SS qui célébraient à leur manière la fraternité franco-allemande.

D'un côté la peur et l'angoisse, de l'autre des rires et des pâmoisons. Toute la pornographie d'une époque. Notre mort programmée leur tenait-elle lieu d'aphrodisiaque ?

Ma mère fut séparée de nous, et on nous transféra au fort Montluc. Sinistre alignement de baraques, dont celle des juifs où l'on nous entassa avec d'autres détenus. Les puces avaient investi tous les lits. Elles grouillaient. Il fallait faire avec. Les prisonniers pouvaient aller et venir. Aussi chacun racontait volontiers son histoire. Mon père me donna un peu plus de détails.

– J'ai pu passer les bijoux à André. Il pourra se débrouiller avec. C'est grâce à toi que Marie, Dora et Michel ont pu s'enfuir. Ils étaient tellement interloqués par le scandale que tu as fait qu'ils n'ont rien remarqué.

Nous nous soutenions le moral. La confiance de mon père me touchait, mais je ne pensais pas vraiment la mériter.

– Avec toi, Joseph, je suis tranquille. Nous nous en sortirons.

Un homme émergeait du lot dans le baraquement. Petit, mince, chauve, ses petits yeux malicieux n'arrêtaient pas de bouger derrière de fines lunettes. D'une voix fortement marquée par l'accent du faubourg Saint-Antoine, il n'arrêtait pas de secouer ceux de ses compagnons d'infortune qui se laissaient aller au désespoir. Sa dignité impressionnait tant qu'elle obligeait les autres à se tenir droits eux aussi. Son discours ne variait jamais d'un iota :

– Ils ont perdu la guerre. Ce n'est plus qu'une question de mois. Il nous faut seulement tenir en pensant, déjà, à la reconstruction de la France !

Un tel volontarisme frisait l'inconscience mais donnait à tous confiance. Parfois, avec humour, Marcel Bloch, qui deviendrait Dassault après la guerre, expliquait que les Allemands lui avaient volé pour cinquante-deux millions de plans, mais qu'il se referait et gagnerait cent fois plus après la fin des hostilités.

– J'ai été nationalisé en 36. Cela m'a plutôt porté chance !

Plusieurs jours passèrent durant lesquels je me liai avec d'autres détenus dont certains avaient mon âge. L'un d'entre eux attira immédiatement mon attention par la sympathie qui se dégageait de sa personne. Juif et résistant, ce garçon d'une vingtaine d'années s'appelait Stern.

Il subit plusieurs interrogatoires. Il en revint chaque fois le dos en sang, mais quelque chose indiquait dans son port de tête qu'il n'avait pas parlé sous la torture. La Gestapo cherchait à connaître les noms des membres de son réseau car elle se doutait que certains avaient été arrêtés en tant que juifs. Il ne les donna jamais, pas plus qu'il ne livra ses contacts encore en liberté. Ses chairs sanguinolentes étaient le prix de son silence.

Après tout, cela aurait pu être pire. Voilà ce que nous finissions par nous dire. J'étais en pleine discussion lorsque j'aperçus mon père. Il pleurait. Je me précipitai vers lui :

– Que se passe-t-il, papa ?

– Nous sommes foutus. Ils ont arrêté André.

– Mais...

– Je les ai vus passer. Il a été battu. J'en suis sûr.

– Cela va s'arranger.

– Non, non. Tous les deux, nous nous en serions toujours sortis, mais avec ton frère nous sommes perdus.

Inutile de le raisonner ! Mon frère arriva enfin, ou du moins ce qu'il en restait. Le visage tuméfié, il avait du mal à marcher, car ses jambes paraissaient avoir doublé de volume. Il gémissait :

– J'ai mal à l'estomac. Ils m'ont défoncé le ventre. Ils ont tapé, cogné. J'ai cru qu'ils n'arrêteraient jamais.

Soudain, mû par je ne sais quel ressort, il se mit à gesticuler dans tous les sens, tel un cabri :

– Je veux partir. Plutôt être fusillé. Laissez-moi sortir. De l'air ! De l'air !

Nous le calmâmes avec difficulté. Il suffoquait et tout son corps tremblait.

– André, que s'est-il passé après notre départ ?

Il regardait mon père, et secouait la tête, hagard.

– Parle-nous, André. Comment t'ont-ils pris ?

Il raconta enfin ce qui lui était arrivé, s'arrêtant entre chaque phrase pour reprendre son souffle :

– Je suis sorti de la cachette dès votre départ... Je ne savais que faire... Marie est arrivée... Elle vous avait vus passer dans la rue... On a décidé de rester dans l'appartement... Elle a ouvert des conserves et on a fermé la porte d'entrée à clef...

Ils avaient agi logiquement. Ils ne pouvaient imaginer que les gestapistes reviendraient pour achever leur razzia. La serrure bloquée leur indiqua qu'il y avait sans doute un autre butin à l'intérieur. Les SS, appelés en renfort, avaient mitraillé la porte, investi l'appartement, et mis mon frère dans cet état. Ma sœur avait rejoint, quant à elle, le groupe des femmes.

Un matin, on nous fit mettre en rang et nous partîmes à pied pour la gare. Marcel Bloch entonna *La Marseillaise* et nous la reprîmes tous en chœur. Jamais je n'en entendis de plus poignante. Il y avait tant d'accents mêlés que l'hymne national en devenait une véritable *Internationale*. Stern, pansé avec des chiffons, s'était glissé dans notre groupe. Il avait réussi à enfiler une veste pour dissimuler ses blessures. Il eut la force de marcher jusqu'au train. Il sera, hélas, repéré et fusillé dès le lendemain.

Un train de voyageurs avait été réquisitionné pour notre transfert. Nous y retrouvâmes ma mère et Marie. Cette dernière, traumatisée, n'arrivait pas à réaliser ce qui se passait. Quant à ma mère, elle était bouleversée par l'état d'André. Elle le serrait contre elle, essayant par ses mains de soulager ses douleurs, en particulier celles que lui occasionnaient ses jambes. Bouger lui était une torture.

À quelques kilomètres de la capitale, un bloc d'immeubles inachevés avait été transformé en un camp de concentration qui fonctionnait comme un réservoir dans lequel les nazis venaient puiser ceux qui seraient déportés vers l'Est. La Gestapo et la police française se chargeant de la remplir à nouveau. Et ainsi de suite, au nom d'une logique implacable.

Drancy-la-juive. Drancy-la-peur où il régnait une atmosphère irrespirable. Tous les détenus étaient hébétés, affaiblis par la malnutrition et le manque d'hygiène, torturés d'angoisse. Nous avions eu droit à un interrogatoire en arrivant. Un de plus. La machine répressive s'appuyait sur une bureaucratie tatillonne qui ne laissait rien au hasard.

Des couples s'étreignaient dans les cages d'escalier en un sursaut de vie. Au nom de quoi ceux qui pressentaient qu'ils allaient bientôt mourir auraient-ils gardé de la pudeur sur les marches menant à l'enfer. S'aimer n'est-il pas le plus beau défi possible ?

Des jeunes se réunissaient dans la cour, sorte de Bourse aux rumeurs. Le camp étant peu gardé, certains se prenaient à rêver d'une action de la Résistance pour nous libérer, d'autres évoquaient les possibilités d'évasion. Combien de tunnels ont-ils été ainsi creusés dans les têtes ? Certes, il y avait bien eu une tentative, mais les galeries avaient été découvertes. Tous les hommes avaient été déportés avec le commandant juif du camp, tenu pour complice par les SS. Au moins avaient-ils essayé !

J'allais et venais dans la cour, me mêlant aux groupes pour essayer de glaner quelques informations. Je reconnus soudain l'un de mes copains et me précipitai vers lui :

– Jacques, c'est Jo.

L'homme me dévisageait, dubitatif et un rien méfiant :

– Vous vous trompez. Je ne vous connais pas.

– Comment ? Mais c'est moi, Jo.

– Désolé. Je ne vous ai jamais rencontré auparavant.

Interloqué, je reculai. Il devait avoir raison. Pourtant, quelle ressemblance !

– Je suis navré. Je vous ai confondu avec un ami.

– Ce n'est rien. Tout le monde peut se tromper.

Nous nous retrouvâmes par hasard après la guerre, et c'est en riant qu'il me raconta comment il les avait eus : « J'avais des papiers de non-juif et je n'ai jamais varié dans mes déclarations. J'ai même prétendu avoir été circoncis médicalement. Par chance, mes parents d'adoption avaient un fils dans la Résistance. Aussi, quand ils ont vu ma photo, ils ont répondu que j'étais bien leur fils dont ils n'avaient plus de nouvelles. Ils ont tout fourni : acte de naissance, certificat de baptême. Alors, tu comprends, je n'allais tout de même pas me démasquer pour le plaisir de te dire bonjour ! »

MATRICULE B3775

Les troupes alliées approchaient de Paris, mais cela ne devait en rien freiner l'application de la Solution finale. Nous fûmes tous réunis, et il y eut un appel. C'est ainsi que, le 31 juillet 1944, le camp de Drancy fut *libéré* de la majeure partie des internés.

Les gens se regroupaient par familles, par affinités, ou au hasard de leurs dernières rencontres, pour avoir un peu moins peur et ne pas être seuls. Nous partîmes en camion pour la gare. Drancy, La Courneuve, Aubervilliers, Paris enfin. Que ces cités paraissaient calmes dans la chaleur de l'été ! Pourquoi, d'ailleurs, les passants auraient-ils prêté une quelconque attention à ce convoi encadré de véhicules allemands ? Tout alla vite, trop vite. La Ville Lumière laissait partir le cortège d'ombres que nous étions déjà.

Moi qui, enfant, étais toujours malade en train, je n'eus pas le temps de penser à cette allergie car, à peine débarqués des camions, nous fûmes pris en main par les SS. Ils nous dirigeaient en hurlant et en nous bousculant. Ceux qui traînaient la jambe étaient frappés. Il n'y avait pas un seul regard à qui se raccrocher dans cette gare transformée en hall de l'enfer. Ils nous entassèrent dans des wagons à bestiaux. Nous n'étions que cela pour eux : des bêtes qu'ils devaient conduire à l'abattage. Et comme il ne fallait qu'aucun ne manquât, ils nous comptèrent et recomptèrent, toujours en hurlant, comme si toute parole humaine leur était interdite !

Une tinette avait été installée au milieu du wagon. Lorsque le train s'ébranla, il y eut une sorte de silence. Un rai de lumière filtrait à travers les planches. Je m'accrochai à ce symbole de vie. Les « transférés » s'installaient vaille que vaille. En s'organisant un tant soit peu, nous pourrions nous allonger à tour de rôle et prendre quelque repos. Pour l'heure, chacun s'interrogeait sur la destination de notre convoi qui, nous ne pouvions le savoir, serait l'avant-dernier à quitter Paris avant la Libération. Alors, l'Allemagne ? Ou plus loin encore ?

– Ils vont nous faire travailler dans des camps.

– On restera en famille.

– Il n'y aura plus qu'à attendre la fin de la guerre.

Il n'y eut pas un mot de désespoir, de résignation ou de simple lucidité. Pourtant, les rumeurs et les informations distillées par Radio Londres disaient le pire sur le sort qui était réservé aux juifs dans les camps et les territoires de l'Est. Peut-être étions-nous saturés et prenions-nous tout pour de la propagande ? En fait, tout simplement, l'espoir nous tenait debout. Et puis nous n'avions plus de repères, nous étions perdus dans un tunnel sans fin.

Notre voyage dura trois jours et deux nuits, sans manger ni boire. Aussi étrange que cela puisse paraître, je n'ai pas le souvenir d'avoir souffert alors de la faim et de la soif, comme si cette épreuve avait été occultée dans ma mémoire par d'autres bien plus terribles encore.

Le train s'arrêtait régulièrement pour que la locomotive pût être approvisionnée en charbon et en eau. Impossible de deviner où nous étions. Il n'y eut qu'un seul arrêt en pleine campagne : des déportés, casseurs dans le civil, avaient réussi à arracher des planches et à s'évader. Ils furent malheureusement repris et fusillés sur place.

Ce drame acheva de désespérer une jeune fille que j'avais connue à Drancy. Les mains sur les parois du wagon, elle aspirait l'air qui filtrait par les interstices, telle une noyée cherchant à retrouver son souffle. Je n'essayai même pas de la réconforter. Qu'aurais-je pu lui dire ? Nous étions tous enfermés dans nos solitudes.

Aujourd'hui, lorsque je repense à ces heures, une seule question me hante : pourquoi les Alliés n'ont-ils pas bombardé les lignes de chemin de fer menant aux camps de concentration ? Le risque militaire n'aurait pas été bien grand, et le geste ô combien symbolique. La réponse se trouve sans doute dans les archives du Pentagone et du Département d'État qui ne seront accessibles qu'en 2015 !

La tinette était une sorte de gros tonneau. Lors d'un ralentissement un peu brusque, celui-ci se renversa en partie sur moi. L'odeur imprégna tout le wagon, du moins c'est ce que je croyais jusqu'au moment où je pris conscience que l'infection se déplaçait avec moi. En toute autre circonstance, j'aurais été affreusement gêné ; mais, là, cela ne faisait jamais qu'ajouter aux odeurs de corps noyés de transpiration.

Au fur et à mesure des haltes du train, l'angoisse se faisait plus vive : « Est-on arrivés ? Que va-t-il se passer ? » Un arrêt se prolongea. Et puis, tout à coup, il y eut un bruit infernal. Les portes s'ouvrirent brusquement, et ce fut tout de suite la plongée dans l'enfer. Il n'y avait plus rien d'humain. Aux cris des déportés répondaient les hurlements des SS. La folie semblait avoir mis en scène ce spectacle hallucinant. Des êtres décharnés vêtus de pyjamas rayés se tenaient pas très loin des SS. Je n'avais vu, jusqu'alors, des bagnards qu'au cinéma. Que faisions-nous parmi eux ? Un bagnard, pour moi, c'était quelqu'un qui avait commis un crime ou du moins avait été condamné. De quoi étions-nous coupables ? « De vivre », aurait pu me répondre l'écho. Mais il n'y avait rien que cette barbarie où même le ciel semblait de barbelés. Les pyjamas rayés n'étaient pas les derniers à aboyer sur nous. Leurs maîtres les avaient dressés à leur image ! L'un d'entre eux me prit le bras et me secoua dans tous les sens. Je ne comprenais rien à ce qu'il hurlait à mes oreilles.

Nous tanguions comme si nous avions été prisonniers d'un navire en train de sombrer. Les hommes, à droite ; les femmes, à gauche. Un SS, qui me parut immense, menait la danse du bout de sa cravache. Il dévisageait chaque arrivant et rendait son verdict en indiquant un côté. Nous ne savions pas que nous étions les témoins et les acteurs d'une sélection.

Lorsque ma mère arriva à sa hauteur, il parut hésiter devant cette femme jeune et robuste :

– Tu as des enfants ?

– Oui !

– Par ici.

Et il désigna la gauche, Birkenau et ses chambres à gaz. Les femmes accompagnées d'enfants en bas âge étaient immédiatement gazées. Pour ma mère, quel que fût notre âge, nous demeurions ses enfants. Son amour la condamnait à mort, mais il lui aurait été impossible de répondre autrement.

Mon frère, bien qu'éclopé, resta à nos côtés dans la bonne file. Ma sœur, aussi, du côté des femmes. Tout dépendait du bon plaisir du sélectionneur. Une tête qui ne lui revenait pas, un regard insoumis, et tout était joué dans le mauvais sens.

On nous rassembla et notre misérable troupeau partit à pied vers Auschwitz, puisque tel était le nom que portait notre enfer. Les SS se servaient de leurs mitraillettes pour frapper ceux qui ne bougeaient pas assez vite.

On nous dirigea à coups de crosse dans des baraquements où l'on nous ordonna de nous déshabiller. Nous passâmes ensuite à la tondeuse : d'abord les cheveux, puis tous les poils. Les tenues rayées nous avaient pris en charge sans ménagement. Ils agissaient, tels des automates, sans mot dire. Ce fut ensuite la douche, et la désinfection. Nus et en file indienne, nos viandes étant jugées présentables, nous passâmes devant des déportés qui, avec une espèce de stylo, étaient chargés de nous tatouer comme du bétail.

B3775. Je n'étais plus que ce numéro et n'appartenais plus à l'espèce humaine. Plus de nom, plus de prénom : B3775. Pire qu'une nouvelle identité, une marque indélébile. Une saignée dans la chair.

Nous faisions tout notre possible pour rester groupés avec mon père et André. Nous ne laissions personne s'intercaler entre nous. Illusoire manière de se protéger, de se croire encore une famille ! Ici, pourtant, c'était le royaume du chacun pour soi et de la mort pour tous.

L'uniforme ne fait pas l'homme, il le défait. Nous n'étions déjà plus les mêmes après avoir revêtu notre tenue de bagnard, sorte de pyjama rayé bleu et blanc. Des chaussures et un béret achevaient de faire de nous des anonymes. Partout, quoi que nous fassions, où que nous allions, se reproduisait le même scénario : déportés, kapos, SS, tous hurlaient sur nous et nous bousculaient.

Je n'arrivais pas à admettre que des êtres s'exprimant, eux aussi, en yiddish puissent agir de la sorte, mais je comprendrais vite que le but de nos bourreaux était de nous déshumaniser totalement avant de nous exterminer. Les anciens n'avaient d'autres droits que ceux qu'ils s'octroyaient dans leur lutte pour la survie quotidienne.

J'en fis vite les frais. Je fus délesté de mes chaussures neuves contre une paire déchirée et héritai d'un costume de bagnard en loques en échange de celui que j'avais reçu. J'essayai bien de discuter, mais, contrairement à ce que je croyais, je n'étais pas encore de leur monde. Dialogue de sourds au sein d'un gouffre où le silence même était un luxe :

– Mais pourquoi vous faites ça ?

– Ici, c'est le terminus. Tu n'auras bientôt plus besoin de rien.

– Mais de quel droit vous agissez ainsi ?

– Ça fait deux ans que je suis ici. Cela me donne tous les droits sur toi. Tu te prélassais pendant que nous on crevait !

– Je n'y suis pour rien !

– Tu n'avais qu'à pas te faire prendre ! Te plains pas ! C'est presque un sanatorium à côté de ce que ç'a été !

Tout sentiment humain paraissait avoir été prohibé. Pour survivre, ne fût-ce que quelque temps, il faudrait s'adapter, abandonner toute raison dans ce cloaque de fous. Mes séjours en prison et à Drancy ne m'avaient pas préparé à cela. Nous n'étions plus sur terre parmi les hommes, mais ailleurs.

Nous écoutions mais n'entendions pas ce qu'ils nous disaient dans leur jargon d'Auschwitz. Leurs mots ou expressions nous étaient encore étrangers. Les « vous auriez pu être gazés tout de suite » passaient au-dessus de nos crânes rasés sans y entrer.

Nous fûmes répartis dans des blocs et placés en quarantaine.

J'eus la chance de rester avec mon père. André, lui, fut placé au second étage. Des planches superposées sur trois niveaux et agrémentées de paillasses. Tels seraient nos lits dans cette grande pièce où l'on nous avait entassés. Un morceau de pain noir rassis constitua notre premier repas. J'étais exténué et ne pensais qu'à m'allonger et dormir pendant quelques heures pour oublier ce cauchemar.

Quelle heure pouvait-il être ? Le jour commençait à peine à se lever. Des anciens armés de bâtons hurlaient et tapaient sur tout ce qui ne bougeait pas assez vite. C'était l'appel, mon premier appel, à l'aube d'une journée qui s'annonçait aussi éprouvante que la précédente. L'ordre nazi ne laissait rien au hasard. On nous plaça par groupes de cinquante : les petits devant et les grands derrière. On nous compta et on nous recompta à satiété. Il fallait que le compte fût juste pour que nous puissions avoir le privilège d'aller travailler pour le Reich.

Nous nous dirigeâmes vers la sortie du camp en bon ordre. Un orchestre composé, je l'apprendrai plus tard, par quelques-uns des meilleurs musiciens juifs d'Europe accompagna notre marche en nous interprétant un morceau. Un panneau à l'entrée du camp, portant l'inscription *Arbeit macht frei* (« Le travail rend libre »), ajoutait à l'aspect hallucinatoire de cette scène.

Nous arrivâmes dans une carrière de pierre où l'on nous répartit en « commandos de travail », chacun d'entre eux ayant à sa tête un chef reconnaissable à son brassard et au fait qu'il se devait de hurler sur les pauvres hères dont il avait la responsabilité. Je reçus une pioche, d'autres se virent allouer des pelles.

Avant que nous nous mettions au travail, une sorte de bête humaine monta sur une tribune improvisée et nous apostropha en allemand. Tout en lui me rappelait King Kong. Le discours de ce droit commun investi du pouvoir de vie et de mort ne laissait pas de place au doute : « Vous êtes ici pour crever, bande de sales juifs.

Regardez bien cette main, à elle seule, elle a tué deux mille juifs et elle n'attend que l'occasion pour faire mieux. Le moindre écart, et je vous broie. »

Aussi effrayantes que fussent ces paroles, nous n'eûmes pas le loisir de nous interroger sur leur véracité. Les pierres nous attendaient. Il nous fallait les casser, et creuser, sans jamais relever le nez. Le malheureux qui, exténué, s'arrêtait recevait une pierre dans la figure ou se faisait rosser jusqu'à ce qu'il ait retrouvé le goût du travail. Je n'avais jamais tenu un outil. Je piochais au hasard, m'efforçant surtout de suivre la cadence infernale qui nous était imposée.

Les kapos rôdaient tels des chiens de garde. J'ignorais encore quel était leur rôle exact dans l'univers concentrationnaire, mais ils m'apparaissaient plus enragés les uns que les autres, et, instinctivement, je me défiais d'eux. L'inutilité de ce que nous faisions était évidente. Tout cela ne répondait qu'à un seul objectif : nous épuiser, nous réduire à l'état de loques, tout en achevant de nous persuader que nous n'étions plus que des condamnés à mort en attente du coup de grâce.

Nous n'avions plus de montre. Nous nous repérions au soleil. Il devait être aux environs de midi lorsque le chef siffla la pause. On nous amena une soupe, sorte de brouet à base de paille où flottaient des épluchures de légumes. Mais c'était chaud, et nous avions faim. Nous pouvions, en outre, nous asseoir ou marcher avec l'illusion d'être libres de nos mouvements.

Mon frère avait peine à se tenir debout. Il n'avait plus d'énergie pour rien, et ces quelques heures de travaux forcés lui avaient arraché ses dernières forces. Son harassement était tel que manger lui était insupportable. Il me tendit sa ration de soupe :

– Mange-la, Joseph, moi je ne peux rien avaler.

Je ne me le fis pas dire deux fois et, sans réfléchir

davantage, je m'en emparai. Mon père me gifla et me l'arracha des mains.

– Comment peux-tu prendre la nourriture de la bouche de ton frère qui est si malade ?

J'étais perdu. Qu'avais-je fait ? J'aurais voulu m'expliquer, m'excuser, mais je me sentais égaré. Mon père fit manger André comme un enfant, persuadé que ce dernier se sentirait mieux après.

Et le travail reprit après une demi-heure à peine de répit. Je piochai tout l'après-midi comme un automate. J'avais l'impression que c'était l'outil qui commandait les mouvements de mes bras. Le soir, nous regagnâmes le camp en rangs serrés. C'est alors que je repérai l'un des hommes au brassard. Pas de doute, je le connaissais. Dès notre arrivée au bloc, je m'en ouvris à mon père. Sa réaction fut très vive :

– Ne parle de ça à personne. Ici, il n'y a que des coups à ramasser si on demande quelque chose !

Je ne m'en tins pas là et m'approchai, quelques instants plus tard, de ce chef. Cette-fois-ci, j'en étais sûr, c'était le fils d'un copain de mon père. Je jouai mon va-tout et me plantai devant lui :

– Vous ne seriez pas Jean...

Interloqué, il me dévisagea avec rudesse avant de s'exclamer :

– Jo ! Mais qu'est-ce que tu fous dans ce merdier ?

– La même chose que toi ! Mon père est là. Viens le voir !

Il m'accompagna et nous eûmes droit à un rapide exposé sur ce qu'il fallait faire pour tenir au camp. Une sorte de survie mode d'emploi. Nous avions, avec lui, un allié de poids.

– Demain, je vous donnerai une double ration de soupe.

Aussi étrange que cela pût paraître dans un tel univers, il tint sa parole. Je me sentais rasséréné après une telle rencontre. Nous avions avec nous un *Vorarbeiter* (contremaître) ! Jean avait beaucoup insisté sur l'ordre que les Allemands entendaient maintenir partout. Ordre et propreté. Auschwitz devait être impeccable. Une vitrine du IIIe Reich ! Nous allions crever mais dans l'hygiène. Même les tinettes, des W.-C. à la turque, faisaient l'objet de tous les soins. Chaque bloc avait un chef de propreté. Le nôtre était si petit que je le surnommai « le Professeur Nimbus ». Les chiottes étaient son royaume, et il n'y aurait pas supporté le moindre laisser-aller. Le chef de chambre agissait de même. Il fallait que rien ne traînât. Un enfer quatre étoiles.

Notre repas fut distribué : un morceau de pain noir, un carré de margarine et un bout de saucisson. Il nous avait été conseillé de garder ces provisions pour le lendemain, car nous devions recevoir une piqûre, à l'instar de celles que l'on fait dans toutes les armées du monde. Là, il n'était plus question d'hygiène et la même seringue – une aiguille grosse, malpropre, et longue d'une dizaine de centimètres – servait à l'infini. Ils nous vaccinaient contre les épidémies, mais peu leur importait que nous crevions d'une septicémie. L'aiguille était enfoncée sans ménagement dans la poitrine afin, sans doute, qu'elle fît encore plus souffrir.

J'étais sonné mais, plus encore, j'étais affamé. Fi des conseils. Je dévorai le pain, la margarine et le saucisson avant de m'effondrer sur ma paillasse. J'avais commis une double erreur ; par rapport à la piqûre, mais aussi parce que, pour survivre toute la journée, il fallait apprendre à garder un peu de nourriture pour l'ajouter à la soupe de paille. Les déportés, qui ne pratiquaient pas cette épargne contre la faim, se condamnaient à disparaître rapidement.

La leçon de la première journée ayant servi, tous se

précipitèrent et se bousculèrent vers la porte du bloc dès le réveil, toujours aussi brutal. Je suivis le mouvement, mais à peine avais-je mis un pied à terre que tout tourna autour de moi. Je m'effondrai au sol. Je ne savais plus où j'étais lorsque je repris mes esprits. Le bloc était vide. Combien de temps s'était-il passé ?

J'essayai de me lever mais n'y arrivai pas. Sur ce arriva King Kong, le monstre qui se vantait de tuer les juifs comme des mouches. Il m'attrapa et me souleva comme un fétu de paille :

– Qu'est-ce que tu fous là ?

– Je suis malade.

– Il n'y a jamais de malade ici. Ou tu es en bonne santé ou tu es mort ! Alors ?

Et il me serra un peu plus le cou. Il aurait pu sans effort me briser les cervicales ou m'étrangler. Je ne me débattais pas. Je n'étais plus que soumission.

– Je suis en bonne santé ! Je suis en bonne santé !

Il me scrutait comme s'il avait été capable de réfléchir. La brute secoua la tête et finit par me lâcher.

La peur me donna la force de courir. Des milliers de déportés attendaient. Je me mis dans les rangs, et l'appel put être achevé. Les anciens me regardaient comme un miraculé ou un revenant. Ils n'arrivaient pas à croire que King Kong ait pu me faire grâce. Ils voulaient tous savoir à quoi tenait ce miracle.

– Qu'est-ce que tu lui as dit ?

– Rien. Que j'étais en bonne santé !

– Et cela a suffi ?

– Oui ! Il m'a dit de descendre.

Ils ne furent pas convaincus. Mais l'étais-je moi-même ? J'étais tombé dans un de ses rares bons jours ou peut-être me réservait-il pour une autre fois.

Durant la période de la quarantaine, nous n'avions aucun contact avec le reste du camp. Mon père et moi ne nous quittions pas, mais André n'arrivait pas à suivre lors des inévitables bousculades. Cela rongeait mon père, car le soir nous retrouvions André dans un état encore plus pitoyable. N'arrivant pas à suivre le rythme du travail, il se faisait battre comme plâtre. Parfois, il se retrouvait dans un commando où il devait porter des sacs de cinquante kilos, ce qui lui était impossible. Alors, il se cachait, et se faisait rosser dès qu'il était découvert. Nous étions impuissants à l'aider, à le soulager. Nos paroles et notre tendresse ne pouvaient rien.

L'hiver est précoce en haute Silésie. Nous n'avions rien pour nous protéger contre ses agressions. La neige jetterait bientôt un linceul sur notre malheur. Le froid s'emparait de nous, nous pétrifiait, engourdissait visages et mains. J'avais l'impression d'être piqué jusqu'aux os. Mais, à Auschwitz, le pire était toujours à venir. En particulier, ces interminables séances d'appel par moins trente ou moins quarante durant lesquelles, encore engourdis par le sommeil, nous gelions sur pied. Esclaves de glace.

Un soir, André demanda à parler à mon père. Je le suivis. Mon frère était étrangement calme, comme détaché de lui-même :

– Tu vois, papa, tout ce que j'avais prédit nous est arrivé.

– Oui, André. J'aurais dû t'écouter. Nous serions partis en Amérique.

– Je vais partir. Tôt ou tard, il faut mourir.

– Allons, André !

Mon frère fit signe à mon père de ne pas l'interrompre. Ils étaient si près l'un de l'autre qu'ils se touchaient presque. Je ne saisissais pas ce qui se passait. Je ne comprenais pas leurs propos.

– Je n'en peux plus. Je n'arrive même plus à manger.

– Tiens bon, je vais t'aider.
– M'aider à quoi, papa ? Quelques jours de plus ou de moins, quelle importance ?
– Ça va s'arranger.
– Je n'en peux plus de vivre, papa.
– Je suis là, André. Je vais prendre soin de toi.

Nous rentrâmes nous coucher. Mon père était tendu à l'extrême, et moi toujours aussi inconscient du drame qui se tramait.

Le lendemain matin, ce fut le branle-bas coutumier de l'appel. Les rangs étaient à peine formés qu'un bruit commença à circuler : « Il y a eu un mort cette nuit. » Les SS et les kapos étaient encore plus excités qu'à l'accoutumée. Ils s'agitaient dans tous les sens. L'un d'entre eux finit par annoncer :

– Un juif s'est jeté par la fenêtre.

Eux qui avaient pour fonction et vocation de faire mourir des juifs ne supportaient pas qu'un seul se soit donné la mort. Ils assimilaient cela à une sorte d'évasion réussie. Une libération anticipée. Mon père se mit à hurler :

– C'est mon fils !
– Tais-toi, papa. Pourquoi tu dis cela ?
– Je le sais. C'est mon fils !

Il sortit des rangs. Je le suivis. Les SS me barrèrent la route.

– C'est mon frère. Laissez-moi passer.

Ils s'écartèrent, et je rejoignis mon père. Nous arrivâmes devant le bloc 2 A. Un corps gisait sur la neige. Une mare de sang avait gelé. Je restai pétrifié alors que j'aurais tant voulu le prendre dans mes bras. Ce n'était qu'agitation autour de nous. L'administration nazie, chef de camp en tête, menait une enquête pour savoir si mon frère avait été poussé. Une bagarre entre juifs ou un assassinat les aurait arrangés.

Mon père explosa. Non pas avec ses cordes vocales, mais avec ses tripes. Il hurla en allemand au chef de camp :

– Vous pouvez tous nous assassiner. Vous pouvez faire de moi ce que vous voudrez, mais vous ne pourrez jamais tuer la douleur d'un père dont les pieds baignent dans le sang de son fils. Il est mort, vous ne pouvez plus rien contre lui.

Trois SS bondirent sur lui et le ceinturèrent. Le chef de camp leur fit signe de le lâcher, tourna les talons et partit. Sa souffrance morale avait mis mon père hors de leur atteinte. Ils ne lui firent pas le cadeau de l'achever ce jour-là.

Mon père ne fut plus jamais le même après le suicide d'André. Il vieillit brusquement, et ses gestes rétrécirent. Certes, il s'accrochait à moi et me protégeait autant qu'il le pouvait, mais un ressort s'était définitivement brisé en lui.

Quelque temps plus tard, notre quarantaine prit fin et nous eûmes l'autorisation de circuler dans le camp, après le travail, jusqu'au couvre-feu. La nuit appartenait aux projecteurs des miradors. Mon père a rapidement retrouvé des juifs de France qu'il connaissait avant guerre. Ils ne lui laissèrent guère d'espoir quant au sort de ma mère. Pourtant, il n'arrivait pas à croire qu'elle ait pu être gazée dès son arrivée au camp. Il n'obtint aucune information quant au sort de Marie. Peut-être était-elle dans un commando de femmes ? En revanche, ils lui apprirent que ses trois frères, leurs femmes et leurs enfants n'étaient plus. Tous avaient été gazés, sauf Izaï, un superbe gaillard d'un mètre quatre-vingt-cinq qui s'était révolté et avait envoyé son poing dans la figure d'un SS. Ce dernier l'avait immédiatement exécuté d'un coup de revolver.

Combien de chocs de cette nature un homme est-il

capable d'endurer avant de s'effondrer et d'attendre la mort comme une délivrance ? Mon père avait misé toute son existence sur sa famille et presque tous avaient déjà été réduits en cendres. Pourtant, en un sursaut, il retrouva ses qualités de battant. Non pour lui, mais pour moi. Il fallait que je survive pour que notre nom ait une chance de ne pas être effacé à jamais.

Mon père prit des résolutions pour deux, et me les communiqua. Je n'avais plus qu'à obéir sans discuter.

– Jo, si nous continuons à aller travailler dans les commandos, nous sommes foutus. Alors, mourir pour mourir, autant échapper aux travaux forcés.

– Mais c'est impossible, papa.

– Tout est possible à Auschwitz. Des copains m'ont donné des tuyaux. Après l'appel, nous nous cacherons dans la vieille blanchisserie pendant que les autres partiront au travail.

– Nous n'allons pas rester enfermés là-bas toute la journée !

– Il n'y a pas de contrôle dans le camp. Nous pourrons circuler et nous débrouiller.

– Et pour la soupe ?

– Je t'ai dit que tout était possible ici. Je t'apprendrai comment faire.

LA BLANCHISSERIE

Tous les jours, après l'appel, nous nous livrions à notre exercice de planque. Nous avions repéré où nous placer dans les rangs pour pouvoir ensuite nous faufiler et échapper au travail. Nous trouvions refuge, le plus souvent, dans la vieille blanchisserie où les contrôles étaient rares, mais aussi, parfois, dans des coins, des trous à rats. Le reste de la journée, nous devenions des clandestins d'Auschwitz.

De temps à autre, nous aidions à pousser la charrette de linge d'un « privilégié » qui avait obtenu cet emploi au camp. Il nous donnait quelques cigarettes pour cela. Mon père les échangeait contre du pain. Le tabac, nous l'avions vite compris, était en quelque sorte la monnaie d'échange. Tant de cigarettes, tant de pain ou de margarine. Il fallait que je discute avec mon père pour qu'il accepte d'en garder une. J'étais persuadé que griller une cigarette ferait le plus grand bien à ce fumeur invétéré.

Mon père essayait, par ses copains, de nous trouver des postes officiels dans le camp pour nous mettre à l'abri. L'un d'eux vint nous trouver dans la vieille blanchisserie. C'était un ancien au fait de toutes les combines. Il avait quelque chose pour mon père :

– Ils ont besoin d'un tailleur dans la nouvelle blanchisserie. C'est un poste officiel. Si tu arrives à te faire homologuer, tu n'auras plus besoin de te planquer. Va voir le responsable de ma part.

Après le départ de son copain, mon père se tourna vers moi :

– Voilà la solution ! Tu vas aller te présenter demain matin.

– Mais tu es bien meilleur tailleur que moi. Je ne vais jamais faire l'affaire.

– Ne discute pas. Tu vas prendre ce poste.

Pour être sûr que je ne me défile pas, il s'arrangea pour que l'un de ses camarades vînt me chercher. Je n'y croyais pas. Le plan de mon père ne rimait à rien. Je n'avais travaillé qu'avec lui, sous sa protection.

J'eus un choc en pénétrant dans la nouvelle blanchisserie. Tous les déportés étaient nets, propres sur eux. En comparaison, j'avais une allure de clochard. On me conduisit devant mon patron, le *Meister.* Ce dernier m'examina de la tête aux pieds d'un air hautain avant de s'exclamer en yiddish :

– T'es dégueulasse ! T'es sale ! Regarde la boue sur tes chaussures. Passe à la douche tout de suite et fous-moi tes frusques au linge sale !

Qu'est-ce que tout cela signifiait ? Il parlait comme si nous n'étions plus à Auschwitz mais dans un hôtel. Je lui obéis. Quel bien-être de sentir une eau chaude courir le long de ma peau et me réchauffer jusqu'aux os ! Au bloc, nous ne pouvions nous laver qu'avec de l'eau froide, devenue glacée dès l'automne.

Je me sentais comme neuf après avoir revêtu une tenue impeccable. Cette blanchisserie ressemblait à un décor futuriste. Elle était ultramoderne pour l'époque et avait été installée pour le confort des SS. En vingt minutes, leurs chemises étaient lavées, séchées, repassées. Je me laissais, moi aussi, gagner par cette ambiance. J'avais l'impression de me retrouver dans le civil. Mon *Meister* était très fier de cette installation. Il travaillait seul près de l'entrée. Une machine à coudre et un fer à repasser lui servaient à faire des costumes sur mesure aux SS. La demande était telle qu'il avait demandé de l'aide. Il était manifeste qu'il avait une position de privilégié : deux à trois centimètres d'épaisseur de cheveux, un laissez-passer pour circuler dans le camp. Cet ancien avait des relations parmi les kapos et les SS, et tenait à les conserver, car il n'était, après tout, qu'un sursitaire mieux loti que les autres. Son assistant devait être à la hauteur ! Il me fit donc subir un véritable examen de passage.

Première épreuve : coudre un écusson sur une vareuse. Je n'éprouvais aucune appréhension car à la main, avec du fil et une aiguille, je ne craignais personne. Mon père avait fait de moi un finisseur hors pair. Un crack. Le patron examina le travail, ne me fit aucune réflexion, et sur son habituel ton rogue grogna :

– Pique-moi une couture sur cette pièce.

Je n'avais jamais utilisé une machine à pédale. La panique aidant, j'actionnai la pédale en marche arrière. Un second essai fut tout aussi infructueux. Le patron ne me laissa pas faire une troisième tentative :

– Tu n'es pas du métier. Tu ne fais pas l'affaire.

– J'ai travaillé sur une machine électrique. Je m'habituerai à celle-là.

– Je n'ai pas de temps à perdre à te former. Repasse-moi ces revers !

Je repris un peu confiance. C'était un domaine où je me débrouillais bien. J'effectuai un repassage auquel il ne trouva rien à redire. Je l'observai du coin de l'œil. C'était un homme brun et râblé qui devait avoir à peu près l'âge de mon père. Il semblait gêné. J'étais un peu trop jeunot dans le métier pour lui mais, d'un autre côté, j'étais pistonné, et il ne voulait pas se mettre mal avec les anciens qui m'avaient introduit à la blanchisserie.

Cette journée me parut particulièrement longue. Le patron surveillait tous mes faits et gestes, cherchant l'erreur. Il finit par s'installer près de moi tout en travaillant sur une vareuse d'officier SS, et grommela :

– Tu feras jamais l'affaire. T'es trop lent.

– Laissez-moi un peu de temps.

– Tu te crois en apprentissage ! Tu es hongrois ?

– Non !

– Alors, t'es roumain ?

– Pas plus !

– Mais alors qu'est-ce que tu es ?

– Français ! De Paris !

Il eut l'air interloqué, et ce fut en français qu'il me répondit :

– Pourquoi tu ne l'as pas dit plus tôt ? Je suis français moi aussi !

– T'es de quel quartier ?

– De Belleville !

– Comme moi ! Je crois que tu vas rester ici.

Son attitude changea du tout au tout. Il se décontracta et devint presque chaleureux. Il avait eu à peu près le même parcours que mon père, et j'avais l'impression d'avoir déjà entendu ce qu'il me racontait. Je profitai de ses bonnes dispositions :

– Pour la machine à coudre...

– Ne t'inquiète pas pour ça ! Pour la faire démarrer, il suffit de tourner la roue qui est dessus. Et elle part en avant !

Il existait une solidarité de fait dans le camp entre les déportés de même nationalité. Je venais d'en faire l'expérience. Instinctivement, désormais, je me retrouverais dans des groupes de Français. Pour la consolation d'abord d'entendre ma langue maternelle, et parce qu'il y avait entre nous des connivences, des complicités qui se passaient d'explications. Il en allait de même pour les Polonais entre eux, les Hongrois, etc. Néanmoins, je n'aurais sans doute eu aucune chance de survivre si je n'avais pas parfaitement parlé le yiddish, car cela me permettait de me faire entendre des autres et de les comprendre. Le yiddish fut en quelque sorte l'espéranto d'Auschwitz.

Le comptable de la blanchisserie, suite au feu vert du *Meister,* m'inscrivit sur son registre. J'avais un poste et étais enfin en règle. Je pourrais circuler dans le camp sans craindre un contrôle. Le soir, mon père m'attendait devant la porte. Cela avait quelque chose d'irréel. Il avait agi comme si nous étions à Paris et que je vienne de vivre ma première journée de travail chez un patron. Depuis le suicide d'André, je n'espérais plus voir un jour un sourire sur son visage, et là il resplendissait de joie en constatant que j'étais propre et habillé de neuf. Il fallut que je lui dise tout sans omettre le moindre détail, mais il m'interrompait chaque fois qu'un déporté passait devant nous en criant :

– Regardez ! C'est mon fils !

Les autres s'en foutaient, tout comme lui se moquait de leur réaction, mais il ressentait, je crois, le besoin d'exprimer sa fierté et son soulagement :

– On va s'en sortir, Joseph. On va tenir le coup.

Il m'insufflait sa force, sa détermination. Privilège oblige, on m'installa au rez-de-chaussée de notre bloc avec ceux qui bénéficiaient, eux aussi, d'un poste. Les lits y étaient par deux et l'espace moins étroit entre chaque rangée. C'était un peu plus respirable.

La blanchisserie fonctionnait sans discontinuité, et j'avais été désigné pour l'équipe de nuit. Lorsque je vis partir ceux qui allaient crever de froid en cassant des pierres sous la neige, je ne pus réprimer un frisson.

Un problème, néanmoins, se posa rapidement pour moi. La soupe du camp n'entrait pas dans la blanchisserie. Quel n'était pas mon désarroi lorsque, à une certaine heure, ils faisaient tous une pause et sortaient des pains entiers, des saucissons et des paquets de margarine. J'en avais des tiraillements d'estomac. Ils étaient une soixantaine à manger, et j'étais seul à les regarder.

J'essayais bien d'éveiller leur pitié en allant de l'un à l'autre et en sollicitant un petit quelque chose. Mais qu'ils aient été repasseur ou finisseur, la réponse était toujours la même :

– Dis donc, petit merdeux, cela ne te suffit pas d'être là au chaud ?

– Toi aussi, tu es au chaud !

– Oui, mais toi tu n'es qu'un bleu, et on n'a jamais vu ça qu'un bleu comme toi soit chez nous. Tu es entré ici par relations et tu voudrais en plus qu'on te nourrisse ! Et puis quoi encore !

La sympathie de mon patron à mon égard n'allait pas jusqu'à me donner de la nourriture. Lui aussi se foutait que je crève de faim. L'indifférence régnait en maître. Chacun mastiquait pour soi dans son coin. Une fois de plus, mon père était le seul sur qui je puisse compter. Il avait retrouvé un moral d'enfer et réussissait toujours à faire des corvées à droite et à gauche en échange d'un morceau de pain qu'il me donnait. Je dévorais celui-ci sous ses yeux attendris sans même me demander si, lui, il avait mangé.

Il y avait pas très loin de mon lit une petite fenêtre. Mon père l'ouvrait. Je montais sur ma paillasse et nous pouvions alors discuter de nos journées respectives. Je m'étais bien habitué à mon travail, mais la faim me rendait de plus en plus irritable. Mes aigreurs n'étaient pas que d'estomac. La troisième nuit, je craquai et me querellai avec mon patron. Nos éclats de voix parvinrent jusqu'à l'un des responsables du commando. Il se précipita sur moi :

– Ça ne te plaît pas ici ? Tu as un travail peinard. Tu es chauffé. Tu manges. Et tu oses encore l'ouvrir, Joseph le pouilleux !

– Je veux juste la soupe du camp. Rien de plus.

– Qu'est-ce que tu me racontes ? Ton patron, il ne te donne rien ?

– Non, rien.

– Ce n'est pas possible. Même pas de la soupe ?

– Non !

– Du pain ?

– Rien. Je vous l'ai dit, monsieur.

Ce fut le tour de mon patron de subir les foudres du chef. Une engueulade homérique :

– Tu te débrouilles comme tu veux, mais tu lui donneras à manger tous les soirs.

Mon patron n'était pas seulement un bon tailleur, c'était aussi un fin gourmet qui se préparait des soupes aux pommes de terre et aux oignons dont je ne connaissais, jusqu'alors, que le fumet alléchant. J'avais tellement faim que je la trouvais même meilleure que celle de ma mère. En tout cas, elle surclassait sans peine celle du camp. Mon patron me la servait tous les jours avec une amabilité du genre « Tiens, merdeux, mange ! ».

Je ne lui en voulais pas. Il avait perdu, lui aussi, toute sa famille et subissait la loi de la jungle. Pourquoi aurait-il gardé une quelconque trace d'humanité ? Il estimait en avoir déjà assez fait pour moi, au prétexte que nous étions français tous les deux.

Parmi les privilégiés de ma chambrée, j'étais très impressionné par un ancien champion du monde de boxe. Il avait, malgré les privations, gardé une force singulière ou du moins présumée telle, car personne ne s'amusait à lui chercher des crosses ou à le déranger inutilement.

Certains résistaient, d'autres pas. Il n'y avait aucune logique médicale à ce qu'un homme meure et un autre pas. Le moral influait sur les chances de survie de chacun. Pour tenir, il fallait être animé d'une rage de vivre, y compris en enfer.

Mon père était capable de tous les miracles pour me faire plaisir. Mon esclandre quant à la nourriture ne lui avait pas plu, car il craignait que je perdisse mon poste, suite à un coup de tête de ma part. Néanmoins, il avait tellement conscience de ma fringale, malgré les soupes de mon patron, qu'il se transformait en magicien. C'est ainsi qu'il m'apporta un plat exceptionnel : des pâtes fourrées aux pruneaux avec de la viande dedans. Il me caressait la tête pendant que j'engloutissais ce festin. Soudain, j'eus comme une espèce de remords :

– Tu n'en manges pas, papa ?

– J'en ai déjà mangé un plat entier. Promets-moi de ne plus les emmerder. Tu as un bon poste. Il faut le garder.

Je ne fus pas dupe. Il mentait, mais il n'aurait servi à rien d'insister. Il était aussi têtu que généreux. J'obtins seulement qu'il me raconte comment il avait réussi à obtenir ce plat.

– Un kapo m'a demandé de lui faire un pantalon. Il avait du tissu.

– Comment as-tu fait ? Tu n'es pas un modéliste et je ne t'ai jamais vu faire une coupe.

– Ça n'a pas été si compliqué que cela. Il m'a passé l'un de ses vieux pantalons. Je l'ai décousu, mis à plat et placé sur le tissu. Je n'avais plus ensuite qu'à découper. Il m'a aussi donné le fil, l'aiguille, et ce que tu viens de manger !

L'ORGANISATION

L'hiver avait raison des plus faibles ou des plus exposés au froid. Il ne se passait pas de journée sans que la mort ne cueillît quelques fleurs dans le jardin d'Auschwitz. Elle était le berger de notre troupeau et paraissait bien décidée à n'en laisser réchapper aucun membre.

Un dernier convoi était arrivé de France sans pour autant nous apporter des nouvelles fraîches des différents fronts. La guerre nous avait oubliés dans ce coin maudit de Pologne. De toute façon, apprendre que telle armée alliée avait avancé ne nous aurait servi à rien. Nous ne pouvions compter en mois ou en semaines. Chaque journée qui passait était une année de gagnée.

Le docteur Chatte faisait partie de cet ultime arrivage de France. Le brave homme avait cru qu'il pourrait soulager des malheureux et s'était déclaré médecin. Cela lui avait valu de se retrouver dans le commando Peterson, le pire de tous, où la durée de survie n'excédait guère quarante-huit heures. Excellent médecin, Chatte se révéla piètre terrassier. Aussi, pendant qu'il cassait des pierres, un kapo lui brisait les reins pour qu'il travaillât plus vite. La Camarde respecta les délais, et il mourut au bout de deux jours.

Mon père avait ses secrets. Ainsi, je n'ai jamais su comment il arrivait à avoir des informations sur le sort des derniers des nôtres. Toujours est-il qu'il sut que son oncle et le fils de ce dernier avaient été arrêtés à Bron, dans la banlieue lyonnaise, et fusillés quelques jours avant la Libération. Mon père vénérait ce frère de son père qui était aussi pieux que sa femme était douée pour les affaires. Illettrée, elle signait d'une croix, mais son cerveau était un véritable ordinateur et elle savait analyser mieux que quiconque la fiabilité d'une entreprise. Mon père avait un rapport très filial avec cet oncle qui, avec une grande délicatesse, avait pallié l'absence de son propre père trop tôt disparu.

Ils s'étaient réfugiés dans la propriété qu'ils possédaient et avaient pris la précaution d'enterrer une véritable fortune dans leur jardin. La Gestapo, suite à une dénonciation, arrêta le père, mais le chef se montra plutôt accommodant :

– Apportez-moi cinq millions et je libère votre père.

Salomon s'exécuta et apporta la somme à la Gestapo. Les nazis n'eurent plus ensuite qu'à les fusiller ensemble. Un même sang mêlé. Tous ces morts finissaient par se confondre dans nos mémoires. Nous étions comme soûls de trop de disparitions. Nous-mêmes, qu'étions-nous sinon des condamnés à la merci d'une balle perdue ou de la folie ordinaire d'un SS ou d'un kapo ?

Nous ne savions plus très bien si nous appartenions au monde des vivants ou à celui des morts dans ce mouroir à ciel ouvert où l'éternité valait dix minutes tout au plus. Mais, même au fond du gouffre, certains hommes continuent à trafiquer, à organiser une économie de survie. Il en allait ainsi à Auschwitz.

J'étais, quant à moi, trop « français » pour d'instinct comprendre tout ce qui se tramait autour de moi. Je venais d'un pays où les enfants, même les plus pauvres, n'avaient jamais eu à lutter tout seuls contre la faim. Les Polonais et les Russes avaient conservé, eux, de leur enfance des réflexes de bêtes sauvages. Ils ne se posaient pas de fausses questions, car il n'y avait qu'une seule réponse : « Ou l'on mange ou l'on est mangé. »

J'appréciais la soupe que j'avais obtenue de haute lutte mais continuais à baver devant les saucissons et les pains dont tous se goinfraient à la blanchisserie. Il devait y avoir un système, une combine. Mais comment faire pour y accéder ?

Je racontais mes journées dans leurs moindres détails à mon père et ne manquais jamais de lui faire part de mon étonnement devant le ravitaillement dont bénéficiaient les autres membres du commando. Mon père, désespérant que je comprenne par moi-même, finit par me dire :

– C'est simple comme tout. Regarde et fais comme eux !

– Je fais déjà comme eux, papa. Je travaille.

– Tu es décidément un vrai Français. Observe dans les mains ce qu'ils font.

– Quoi, leurs mains ! Mais qu'est-ce qu'elles ont de plus que les miennes ?

– Elles sont débrouillardes. Fais ce que je t'ai dit et nous en reparlerons.

Je repartis attristé. Mon père n'avait plus toute sa tête. Il était complètement à côté de la plaque. Néanmoins, le soir même, je travaillais tout en ne perdant pas une miette de ce qui se passait dans l'atelier. Rien ! L'un repassait, l'autre cousait. Il n'y avait rien d'extraordinaire ! Certes, leurs mains abattaient de l'ouvrage, mais pas plus ni mieux que les miennes ?

Les nuits passèrent sans autre résultat qu'un certain énervement de ma part. Mon père paraissait avoir oublié l'incident. Aussi est-ce moi qui abordai à nouveau le sujet :

– J'ai suivi ton conseil. Je ne les quitte plus des yeux.

– Oui. Et alors ?

– Rien. J'en suis toujours au même point et ils mangent leur saucisson sans moi.

– Continue à observer !

– Jusqu'à quand ?

– Jusqu'à ce que tu voies !

Et puis, un soir, sans qu'aucune parole n'ait été échangée entre eux, ils filèrent tous vers le fond de la blanchisserie, là où il y avait les grandes machines à sécher le linge. Je les suivis. Leurs mains étaient posées sur des lots de vêtements civils. Ils faisaient un véritable tri. Les chemises d'un côté, les pantalons de l'autre.

Plus les mains s'agitaient dans tous les sens, plus cela ressemblait à une distribution des prix. Je ne savais que faire, car j'éprouvais encore une certaine crainte envers les anciens. En outre, je ne comprenais pas très bien à quoi leur servirait ce manège. C'est alors que les paroles de mon père me revinrent en mémoire : « Fais comme eux ! »

Je fonçai dans la mêlée sans réfléchir davantage. J'attrapai un paquet et m'écriai :

– C'est à moi !

Les anciens s'arrêtèrent, interloqués, puis éclatèrent de rire :

– Ça y est, les gars ! Le Français, il devient intelligent !

Plus je m'accrochais, méfiant, à mon maigre butin, plus ils s'esclaffaient en continuant le partage. Aucun d'entre eux ne me fit une remarque, mais j'eus l'impression que le naïf, que j'étais jusqu'alors, venait d'être intégré dans cette communauté de petits trafiquants. Je me sentais un peu floué. J'avais bien mis la main sur quelques chemises, mais cela ne m'avançait à rien, car je ne savais toujours qu'en faire. Je les cachai sous ma table de travail. Mon père saurait bien, lui, trouver une solution.

Mon histoire l'amusa et il avait du mal à ne pas se moquer de moi :
– Ils ont raison, Joseph, tu deviens intelligent. Tu as compris.
– Peut-être, mais ça ne me dit pas ce que je vais en faire.
– Demain, tu les laveras, les repasseras, et me les rapporteras ici.
– Je vais me faire remarquer.
– Par qui ? Ils procèdent tous ainsi !
– Et après ? Qu'est-ce que tu vas en faire ?
– Ce n'est plus ton problème. Fais ce que je t'ai demandé.
Je lui remis les chemises, le lendemain, sans demander mon reste. Le soir même, peu de temps avant que j'aille travailler, mon père me passa par la petite fenêtre un pain entier, un saucisson et de la margarine. De quoi faire un véritable festin, à l'instar des autres membres du commando.
– Voilà ce qu'elles sont devenues, tes chemises.
– Comment as-tu fait ?
– Je t'expliquerai tout demain. En attendant, mange tout ton soûl !
Ces chemises, tout comme les pantalons, c'était en quelque sorte les pourboires de la mort. Les nazis avaient monté tout un système de récupération qui allait des dents en or jusqu'au moindre effet de ceux qu'ils exterminaient. Ces vêtements étaient ceux de leurs victimes. Il y en avait des montagnes stockées dans un hangar du camp. Les rapines du Reich !
Les déportés en détournaient une partie. Une véritable organisation avait été mise sur pied. Ceux qui travaillaient à l'extérieur du camp se chargeaient de sortir la marchandise et de l'échanger auprès d'ouvriers polonais. Ces derniers avaient des cigarettes et de la nour-

riture mais manquaient de vêtements. Si monstrueux que fût ce troc, il était un moyen de survivre, de jouer les prolongations. Tout ce trafic se faisait, bien sûr, avec la complicité des SS de garde qui prélevaient leur dû ! Ensuite, les échanges avaient lieu à l'intérieur même du camp. Un pain valait vingt cigarettes, un saucisson quarante. Mais les cours pouvaient varier dans le cadre de cette véritable économie parallèle. Parfois, les échanges se passaient mal. Un déporté cherchant à en truander un autre lors d'un marchandage. Bien sûr, il y avait des risques. Celui qui se faisait prendre à voler ou à trafiquer était pendu. Mais la mort n'était plus un risque à Auschwitz, seulement une réalité quotidienne. Mourir pendu ou autrement, quelle importance !

Tout avait un prix, y compris la douleur. C'est à Auschwitz que j'eus ma première rage de dents. J'avais l'impression qu'un tournevis sévissait dans ma mâchoire. Je ne connaissais aucun répit et n'avais rien pour me soulager. Il y avait bien quelqu'un qui arrachait les dents, mais c'étaient deux cents cigarettes payées à l'avance. Mon père mit à contribution tous ses copains et put réunir cette fortune.

Au mieux, le dentiste avait dû être plombier dans le civil. Je dois reconnaître qu'il ne se trompa pas de dent, mais ce fut à peu près tout ce qu'il fit correctement. Ce ne fut pas de la stomatologie, encore moins de la chirurgie dentaire, tout juste un exercice de boucherie.

Mon tortionnaire s'était armé d'une espèce de pince. D'une main, il me tint la bouche grande ouverte et de l'autre il s'activa. Il y eut un craquement sinistre et un premier morceau vint, qu'il jeta à terre. J'avais la bouche pleine de sang et avais peine à respirer. Il eut le reste d'un coup sec et exhiba son trophée non sans quelque fierté.

Mon père qui avait assisté à l'opération était blanc

comme un linge, mais il s'était bien gardé d'intervenir. Il fallait que je fusse débarrassé de cette dent pourrie, et il n'y avait pas d'autre solution.

J'eus une hémorragie pendant trois jours et, hors la soupe, je ne pouvais plus rien avaler. Les saignements s'apaisèrent et la douleur s'estompa elle aussi.

Les anciens de mon commando avaient fini par complètement m'adopter. Il est vrai que je ne rechignais pas devant le travail. Néanmoins, pour bien marquer leur différence ou la hiérarchie, ils continuaient de temps à autre à me lancer des piques. À les entendre, Auschwitz n'était plus ce qu'il avait été. Je crois surtout que le fait d'avoir réussi à survivre dans un tel enfer leur donnait le privilège de se considérer comme des êtres à part. Ils en avaient trop vu pour pouvoir encore éprouver de la pitié envers qui que ce soit. Leurs sentiments avaient été comme anesthésiés.

Quelques jeunes arrivés par le même convoi que moi constituaient ma bande. Je m'arrangeais pour leur obtenir un peu de nourriture : du pain, de la margarine et même des pommes de terre cuites à l'eau chaude. À l'instar des vieux, nous faisions quelques coups ensemble. Les loups chassent en bande, et nous n'étions pas les plus mauvais à ces jeux dangereux. Ces copains faisaient tous partie de commandos plus épouvantables les uns que les autres. Ils ne m'enviaient pas et je n'éprouvais pas de culpabilité à leur égard. Le camp ne permettait pas ce genre de sensiblerie, mais il y avait néanmoins une certaine forme d'entraide entre les membres d'un même groupe.

Je m'étais particulièrement lié avec Marcel G., Lyonnais d'adoption lui aussi. Il ne se passait pas une journée sans que nous nous rencontrions. Quelle ne fut pas ma surprise de le voir, un après-midi, particulièrement excité :

– Joseph, je vais quitter le camp pour plusieurs semaines !

– Comment t'es-tu débrouillé ?

– Les Allemands cherchaient des volontaires pour aller déterrer des bombes qui n'ont pas encore explosé.

– Tu es complètement fou ! Tu vas y laisser ta peau !

– J'en ai rien à foutre. Crever pour crever, autant que ce soit le ventre plein et avec des bottes bien chaudes aux pieds.

– Tu ne crois tout de même pas à leurs promesses !

– Pour ce qu'elles leur coûteront ! Je suis sûr qu'ils vont le soigner, leur *Bombenkommando*.

Je le revis quelques semaines plus tard. Il avait effectivement des bottes superbes, mais son regard était comme brouillé. Il parla sans que j'aie même besoin de l'interroger :

– Ils les ont tenues, leurs promesses ! Je n'ai jamais aussi bien mangé que depuis mon arrivée au camp. Tu as vu mes fringues et les bottes ?

– Oui, Marcel.

– Les bottes, il y a beaucoup de copains qui n'en ont plus besoin maintenant. Tu ne peux pas t'imaginer. Une bouillie de chairs. C'est tout ce qu'il est resté de ceux qui ont sauté.

– Il y en a eu beaucoup ?

– Combien ? Je sais pas. Je sais plus. C'était une véritable loterie, et il y a eu beaucoup de numéros gagnants !

Peu de temps après, rentrant de ma nuit de travail à la blanchisserie, j'aperçus un corps allongé dans mon lit. Je m'approchai de l'intrus. L'homme était en sang et semblait sans connaissance. Je le secouai et le retournai. C'était Marcel, ou du moins ce qu'il en restait. Son visage était enflé, couvert d'hématomes, et les lèvres ne formaient plus que deux plaies. Il gémissait des paroles incompréhensibles.

Des copains du bloc m'aidèrent à le soulever et à le porter jusqu'à un lavabo. Il fallait le nettoyer et le panser, ce que je fis du mieux que je pus, non sans lui arracher, ma maladresse aidant, quelques plaintes. Je réussis même à lui faire avaler un peu de soupe chaude et entrepris de le questionner :

– Marcel, que t'est-il arrivé ?

– Plus tard ! Je veux plus y retourner !

– Ne t'inquiète pas ! On va te planquer !

Nous étions presque des jumeaux au niveau de nos matricules. Il portait le numéro B3777, moi le B3775. Nous pouvions nous relayer dans mon lit, et, lors des contrôles, il n'aurait qu'à dire qu'il était de travail de jour. Le chef de bloc accepta de fermer les yeux, moyennant quoi Marcel devint l'homme à tout faire. Toutes les corvées étaient pour lui, mais cela n'aurait sans doute pas été suffisant. Je n'oubliais donc pas de faire régulièrement des cadeaux au chef de bloc. Rien de tel qu'un morceau de saucisson ou quelques cigarettes pour entretenir l'amitié !

Marcel retrouva vite des forces et finit par me raconter ce qui lui était arrivé :

– Le *Bombenkommando* était au repos. Ils nous ont envoyés travailler dans un champ de patates. J'avais mes bottes, tu penses bien que je ne me suis pas privé de remplir mon pantalon.

– Tu aurais été con de ne pas en profiter.

– Oui ! Sauf qu'en revenant au camp, un SS m'a repéré et m'a fait sortir de la file. Il m'a demandé de retirer mes bottes. Les patates sont venues avec. Il m'a dit de les ramasser et, pendant que je m'exécutais, il n'a pas arrêté de me taper dessus avec les bottes. Il s'en est donné à cœur joie. Il a continué alors que j'étais déjà à terre. Je ne sentais plus rien, à la fin.

– Qui t'a ramené ici ?

– Des copains du commando qui nous avaient vus ensemble. Ils ont dû penser que tu pourrais faire quelque chose pour moi. Ils n'ont pas eu tort ! La preuve !

LA SÉLECTION

Seuls les anciens savaient ce qu'étaient les *sélections* pratiquées par les SS parmi les déportés. Il n'y en avait pas eu depuis notre arrivée à Auschwitz. Aussi n'ai-je pas compris tout de suite ce qui se passait ce jour de novembre 1944 où le camp fut fermé et soumis au couvre-feu. Nous étions tous consignés à notre travail ou dans notre bloc. L'ombre portée des miradors paraissait encore plus effrayante qu'à l'ordinaire. Une fois encore, comme toujours, je me tournai vers mon père qui, à mes yeux, détenait les réponses à tout :

– Que se passe-t-il, papa ?

– Je l'ignore.

– Qu'est-ce que je dois faire ?

– Ce que tu fais toutes les nuits : partir à ton travail !

– Et toi ?

– Rien. Que veux-tu qu'il m'arrive ?

La nuit enveloppait déjà le camp lorsque je rejoignis la blanchisserie. Tous mes collègues parurent surpris de me voir arriver seul.

– Qu'as-tu fait de ton père ?

– Il m'a dit d'aller au travail !

– Mais pourquoi ne l'as-tu pas emmené avec toi ?

– Qu'aurait-il fait toute la nuit ici ?

– Décidément, tu ne comprends rien, le Français. Il va y avoir une sélection dans le camp. Il aurait été en sécurité avec nous.

– Je vais aller le chercher.

– Trop tard. Tu ne passeras pas. Tout est bouclé.

Pourquoi mon père ne m'avait-il rien dit ? Il m'avait menti. Il devait savoir, lui, ce qui allait se passer. J'étais incapable de travailler. Personne ne me fit la moindre réflexion. Je ne pouvais détacher mon esprit du sort qui attendait mon père. Je passais par des phases de pessimisme et d'optimisme. Il n'avait pas le moral et l'approche de son anniversaire, le 11 novembre, le minait. Moi excepté, il n'y avait plus personne pour lui dire ces mots simples, désuets et un peu ridicules qui réchauffent pourtant le cœur : « Bon anniversaire ! » Oui mais, d'un autre côté, il était encore jeune, solide, et tellement débrouillard.

Au milieu de la nuit, je me suis couché sous ma table et j'ai attendu que l'aube vienne. Parfois, en fermant les yeux, me revenaient des images des jours heureux de mon enfance lorsque je croyais que le bonheur était un don, alors qu'il faut le voler, le kidnapper.

Lorsque le couvre-feu a été levé, j'ai couru comme un fou. Je savais où trouver mon père. Il était là, les épaules affaissées et les yeux rougis. Ce n'était déjà plus le même homme. Des larmes perlaient à ses cils. J'avais compris, mais refusais de le croire :

– Comment cela s'est-il passé ?

– J'ai été sélectionné.

– Ce n'est pas possible ! Qu'est-ce que cela veut dire ?

– Il va falloir que tu apprennes à survivre sans moi, Joseph !

Je le saisis aux épaules et le secouai dans tous les sens. Il ne pouvait pas m'abandonner ainsi.

– Qu'est-ce que tu as fait ? Pourquoi ? Dis ?

– J'avais gardé ma ceinture de hernie. Ils ne m'ont même pas regardé.

– Mais tu es en bonne santé !

– Je suis si fatigué, Joseph. Je vais rejoindre mes frères, André et ta maman.

Je réalisai alors qu'il ne pleurait pas sur son sort mais sur le mien. J'étais de ces fils qui ne s'imaginent pas qu'ils seront un jour orphelins. C'était absurde ! Sa hernie était minuscule. Invisible à l'œil nu. Je tournais autour de lui comme un fou. Un tambour battait le rappel dans ma tête. J'aurais voulu m'allonger à terre et ne plus rien voir ni entendre. Mes tripes étaient prises dans un étau. Papa me prit dans ses bras et me consola comme le petit garçon que j'étais encore.

– Ce n'est rien, Joseph, tu verras. Calme-toi, mon garçon.

– Je vais te cacher, papa.

– Cela ne servirait à rien. Ils ont relevé mon numéro.

– Que vas-tu faire ?

– Attendre qu'ils nous appellent. Ce ne devrait pas être long !

Un mal s'était installé en moi, le même que celui qui m'avait assailli quelques mois plus tôt lorsque j'avais renoncé à accepter la mitraillette des résistants : le remords. Si j'avais eu un peu plus de présence d'esprit ou de maturité, mon père aurait échappé à la sélection.

Le lendemain, les sélectionnés furent rassemblés dans un bloc à part : l'antichambre des chambres à gaz et des fours crématoires. Même dans un lieu comme Auschwitz où la vie humaine ne signifiait plus rien, l'atmosphère changea. Les gestes de chacun étaient comme ralentis par ce qui allait se nouer à quelques centaines de mètres.

L'incroyable arriva. Ils furent relâchés. De mémoire d'anciens, ce n'était jamais arrivé auparavant. Certains vinrent me taper sur l'épaule :

– Tu peux être rassuré, Joseph. Il ne va plus rien se passer.

Je parcourus le camp dans tous les sens pour le retrouver. Des déportés m'apprirent qu'il faisait de même. Nous tombâmes enfin dans les bras l'un de l'autre en pleurant à chaudes larmes. Mon père était si ému qu'il ne distinguait plus très bien ceux qui allaient et venaient autour de nous.

– Regarde, Joseph, les gens sont tellement émus que certains s'évanouissent !

Ce fut la dernière fois qu'il me fit rire.

– Mais non, papa, ils portent des sacs de ciment !

L'un avec l'autre, nous formions une île déserte cernée par les flots de misère et de souffrance du camp. Nous retournâmes au bloc et nous nous séparâmes. J'allais m'endormir, soulagé, lorsqu'un déporté me replongea dans le cauchemar :

– Joseph, ils les ont repris et emmenés au bloc !

– Qu'est-ce que tu racontes ? C'est impossible !

– Si ! C'est comme ça. Il n'y a pas de logique ici. Tu devrais commencer à le savoir.

L'heure du couvre-feu était déjà passée. Impossible de sortir. Je tournicotais en imaginant mon père et ses compagnons attendant que des SS les mènent à la chambre à gaz, avec au fond d'eux-mêmes cet increvable espoir qui fait que, jusqu'au dernier moment, les hommes pensent qu'ils vont s'en sortir. Mon copain Marcel ne me quittait pas et tentait de me consoler. Il était le seul à qui je puisse me confier :

– Je n'y tiens plus, Marcel. J'y vais !

– Où ?

– Au bloc où mon père est enfermé !

– Tu n'arriveras jamais vivant jusque là-bas.

– Je m'en fous du couvre-feu et du reste.

– Je t'accompagne !

– Ça va pas, non ?

– Puisque je ne peux pas t'empêcher de faire cette connerie, je vais avec toi.

Nous devions traverser tout le camp en nous jouant des projecteurs des miradors qui balayaient le sol glacé et enneigé. Je connaissais particulièrement l'extérieur du camp. Il nous faudrait profiter, chaque fois, des quelques secondes d'obscurité pour nous faufiler en nous plaquant contre un bloc dès que la lumière crue reviendrait sur nous.

Nous rampions plus que nous ne marchions. La peur nous avait insensibilisés contre le froid. Il n'y avait pas de mirador près du bloc des condamnés à mort. Mon père était debout face aux barbelés. Il n'eut pas l'air surpris de me voir :

– Je t'attendais, Joseph. Je savais que tu viendrais.

Il avait en lui une sorte de sérénité et tentait de me la transmettre, mais je n'étais pas en état d'accepter sa logique.

– J'arrive à la finale, Joseph. C'est ainsi ! Je vais mourir, mais toi tu vas vivre.

C'en était trop. Je n'en pouvais plus. J'ai craqué :

– J'en ai marre ! Si je dois rester tout seul, je préfère partir avec toi. Emmène-moi ! Personne ne s'en sortira ! Pourquoi veux-tu que j'attende mon tour ?

Il me laissa parler sans m'interrompre, attendant que je m'épuise, que les mots viennent à me manquer. Où trouva-t-il la force de m'expliquer calmement quel serait désormais mon rôle ? Sa voix s'inscrivait en moi, m'apaisait :

– Tu vas tenir coûte que coûte. Tu rentreras en France, réuniras ce qu'il restera de la famille et créeras un foyer. Tu auras des enfants et des petits-enfants. Une vie d'homme libre.

Ses dernières paroles furent pour ma petite sœur Paulette :

– Elle m'a tellement manqué. J'aimerais pouvoir l'embrasser avant de partir. Promets-moi de la récupérer dès ton retour en France et de l'élever.

Je lui aurais promis tout ce qu'il aurait voulu. J'étais complètement dans le coltar. J'ignore comment Marcel a réussi à me ramener au bloc. Je n'ai même plus le souvenir du ballet des projecteurs. Rien. Un trou noir. Avec seulement une petite lueur : cette promesse que j'avais faite à mon père et dont plus personne ne pourrait me délier : tenir, m'occuper de ma sœur et faire qu'à partir d'une seule racine, l'arbre de notre famille refasse souche.

Condamné à mort du seul fait d'exister, mon père partit avec les autres sélectionnés vers la chambre à gaz avant d'être recraché par la cheminée des crématoires. Son visage ne s'est pas effacé. Il habite mon regard.

Le lendemain soir, au travail, j'étais comme fou. Les autres avaient cette gentillesse un peu condescendante que l'on a tous lorsque l'on sait que quelqu'un a perdu un être cher. Ils respectaient mon deuil, comme si ce mot avait encore un sens ici. Je me mis à fumer, et j'aurais sans doute bu si j'avais eu de l'alcool.

Marcel veillait toujours sur moi aussi bien qu'il le pouvait. Nos rôles étaient comme inversés. Mais j'étais orphelin et personne n'aurait pu me consoler de ce sentiment atroce. De ce qui me précédait dans la grande chaîne de la vie ne restaient plus que des cendres. Je n'avais plus d'âge. J'étais enfant et vieillard à la fois.

Je m'accrochais tel un damné aux dernières images que j'avais de mon père. L'une d'entre elles me hantait particulièrement. Étrangement, sans que l'on sache pourquoi, les nazis avaient décidé de respecter le jour de Kippour à l'automne 1944 et avaient accordé quartier libre à tous les juifs. C'était une première et ce serait une dernière, car les troupes soviétiques avançaient de manière inexorable dans la plaine ukrainienne.

En ce jour où les juifs tournent toutes leurs pensées vers leurs morts, Dieu avait été invité à Auschwitz. L'idée avait quelque chose d'obscène. Pourtant, partout, devant tous les blocs, des juifs priaient avec une ferveur qui n'avait plus rien d'humain. Priaient-ils pour leurs disparus ou pour eux-mêmes ? Comment savoir !

Les fidèles de la synagogue de la rue Julien-Lacroix à Paris suspendaient leurs prières lorsque mon père chantait et priait, tellement sa voix était prenante.

Je le trouvai assis sur son lit, seul dans son bloc. Sans être pieux, il était plutôt traditionaliste, et je ne compris pas son refus d'associer ses prières à celles des autres déportés :

– Papa, pourquoi tu ne pries pas avec les autres ?

– Et pourquoi irais-je prier Dieu ?

– Parce que tu l'as toujours fait à Kippour. Tu te rends compte, c'est la première fois que les Allemands autorisent cela !

– Oui ! Et alors ? Cela ne suffit pas pour que j'aille implorer le pardon de Dieu. Qu'ai-je à me faire pardonner ? J'avais une famille et travaillais honnêtement pour elle. Si tu savais comme j'ai travaillé dur pour que vous ne manquiez de rien !

– Je sais, papa !

– Non, tu ne sais pas ! Certains soirs, mes mains me faisaient souffrir d'avoir trop cousu. J'ai élevé quatre enfants, mes frères, et ils sont presque tous morts ! Tu voudrais aussi, peut-être, que j'aille remercier Dieu de m'avoir pris ta mère ! Alors, pour qui voudrais-tu que je prie ? J'ai respecté Dieu toute ma vie et voilà comment Il m'a récompensé. Où était-il, Dieu, pendant qu'ils ont assassiné les miens ?

– Les autres aussi, ils ont souffert, papa. Écoute-les chanter !

Je le pris par la main. Il marcha vers la porte tel un somnambule, sortit et, face à un mur, pria comme jamais je n'ai vu un homme le faire. Les prières jaillissaient de lui avec une force incroyable. Prières de rage et de désespoir. Il appelait Dieu et L'interpellait. Il pleurait, et j'ai cru alors que des larmes de sang coulaient sur son visage ravagé par l'abandon et la douleur.

Je vois encore mon père balançant sa tête vers ce mur comme si c'était celui de Jérusalem, et j'entends ses chants qui, à peine apaisés, reprenaient avec plus de violence encore. Je ne crois pas que Dieu ait jamais séjourné dans aucun des camps de la mort, mais ce jour de Kippour, à Auschwitz, il fallait qu'Il fût sourd pour ne pas entendre.

Les jours passèrent. Je fumais de plus en plus, et désormais faisais partie des déportés qui se privaient de nourriture pour assouvir leur tabagie. Imperceptiblement, sans que j'en aie réellement conscience, je repris le dessus malgré mon chagrin. Il fallait me battre si je voulais continuer à vivre, comme j'en avais fait le serment à mon père.

J'eus soudain un tonus dont je me croyais incapable. C'était comme si mon père m'avait transmis sa force. Je n'étais pas devenu un homme au sens où on l'entend traditionnellement, mais plus rien désormais ne me faisait peur.

J'étais prêt à tout affronter, et suffisamment fort pour cacher mes blessures afin que les autres n'aient pas de prise sur elles. Le petit orphelin était devenu, presque malgré lui, un enragé acharné à survivre.

UNE PISCINE À AUSCHWITZ

La dernière sélection avait précédé de peu l'annonce de la prochaine visite d'une délégation de la Croix-Rouge suisse. Les nazis firent montre à cette occasion de leur sens aigu de la mise en scène et décidèrent en plein hiver qu'une piscine serait construite à Auschwitz afin de montrer, sans doute, que les juifs ne manquaient décidément de rien et qu'ils pouvaient même, après le travail, s'ébattre dans l'eau.

Je ne pouvais m'empêcher, en les voyant s'agiter frénétiquement en vue de cette inspection, de penser qu'il y avait un lien de cause à effet avec la dernière vague d'extermination. En effet, à force de vouloir prouver que les déportés se portaient comme un charme dans le centre de repos d'Auschwitz, les SS en étaient peut-être venus à la conclusion qu'ils devaient impitoyablement éliminer tous ceux dont le mauvais état physique ferait tache dans un ensemble si harmonieux.

Les matricules de nos vareuses furent changés et, étrangement, les politiques durent troquer leur triangle rouge contre le triangle jaune des juifs, et vice versa. Toutes les pistes étaient brouillées afin que les visiteurs ne pussent se comporter en enquêteurs.

Pour plus de sécurité, quelques déportés furent choisis comme interlocuteurs privilégiés des gens de la Croix-Rouge. Quant aux autres, ils n'avaient qu'à bien se tenir ; faute de quoi, ils subiraient des représailles après le départ des intrus.

L'inspection se passa au mieux des intérêts de nos bourreaux. L'orchestre du camp joua avec son habituelle maestria, et les délégués de la Croix-Rouge inspectèrent tout ce que les SS voulurent bien leur montrer. Un vrai paradis nazi où les hôtes du IIIe Reich retrouvaient une bonne santé et des couleurs en travaillant dans la joie, en plein air. La rédemption, par le labeur manuel, d'individus dégénérés qui croupissaient auparavant dans la crasse des ghettos ou se vautraient dans le vice, la débauche ou les idées subversives.

Il est impossible de croire, aujourd'hui, que les visiteurs aient pu être abusés par cette sordide comédie, car les informations ne manquaient alors pas à Genève, à Washington, à Londres, au Vatican et à Moscou sur la manière dont les déportés étaient exterminés ou condamnés à la mort lente. Certes, tous gardèrent le silence, se faisant ainsi les complices *moraux* du système concentrationnaire nazi.

Les Tziganes étaient traités à l'instar des juifs. Deux peuples, que les autres nations voulaient errants, avaient enfin trouvé une terre pour y enterrer les leurs. La mort avait construit à Auschwitz son arche de Noé. Toutes les nationalités européennes étaient représentées, et les regards disaient le même désarroi. En revanche, Russes, Hongrois, Roumains, Polonais et autres peuples du centre et de l'est de l'Europe supportaient mieux les rigueurs de l'hiver que les Italiens, les Grecs, les Français, etc.

Les déportés astreints à travailler à l'extérieur du camp revenaient parfois avec des mains ou des pieds gelés. La mort les grignotait phalange après phalange, prenant chaque jour un acompte supplémentaire.

Les juifs religieux m'impressionnaient particulièrement, car envers et contre tous ils respectaient les préceptes du judaïsme. La foi l'emportait chez eux sur la faim, et ils préféraient souffrir un peu plus encore, plutôt que de manger un saucisson non casher. Les Juifs hongrois, qui furent déportés à partir de l'été 1944, comptaient dans leurs rangs un grand nombre de ces hommes dont le courage confinait au fanatisme. Je les admirais d'autant plus que je me savais incapable d'une telle rigueur morale. Aurais-je, d'ailleurs, été croyant à ce point que cela ne m'aurait pas fait varier dans mon attitude qui était de survivre à tout prix, car la promesse faite à mon père primait sur tout autre engagement.

Le dimanche, jour de repos, se tenait une espèce de marché où s'échangeait tout ce qui pouvait l'être. Les juifs religieux essayaient d'y troquer leurs morceaux de saucisson contre du pain ou de la margarine, mais la plupart d'entre eux ne connaissaient pas toutes les combines et étaient souvent les victimes de bandes peu scrupuleuses pour qui la *faim* justifiait tous les moyens.

J'ai souvent été le témoin de ces arnaques qui se passaient presque toujours de la même façon. Le religieux tenait fermement son morceau de saucisson tout en évaluant du regard ce qu'on lui proposait en face, et, au moment où il ouvrait la main pour montrer son bien, un comparse arrivait derrière lui et lui tapait sur la main. Le saucisson tombait et un troisième complice s'en emparait. Il avait beau tempêter, protester, pas question pour l'autre de lui donner sa ration de margarine ou de pain.

Les propos échangés étaient invariables :

– Tu m'as volé !

– Comment t'aurais-je volé ? Je suis en face de toi !

– Mon saucisson a disparu !

– Tu n'avais qu'à mieux le surveiller !

– Ce sont tes copains qui me l'ont pris.

– Je ne connais pas ces gars-là. Va te faire foutre !

Parfois, cela dégénérait en bagarre, mais c'était plutôt rare car les religieux ne savaient pas se battre et redoutaient l'arrivée inopportune de kapos ou de SS. Les loups, à Auschwitz, ne respectaient que les loups.

Quelle que soit ma volonté de survivre, je n'aurais jamais pu agir ainsi. Pourtant, lorsque j'ai appris que des juifs religieux étaient allés à la chambre à gaz en psalmodiant que Dieu avait peut-être voulu que cela se passât ainsi, tout en moi s'est révolté. Que vaudrait un Dieu qui aurait décidé qu'un million et demi d'enfants devaient être gazés ? Comment pourrais-je encore respecter un Dieu qui aurait décidé de faire de moi un orphelin ?

Aujourd'hui encore, pour moi, Auschwitz et tous les autres camps de la mort demeurent un mystère et aucune explication ne me paraît recevable, pas même la folie nazie. Il me revient parfois des images encore plus insupportables que les autres. Ainsi, ces gosses de dix ans à peine qui constituaient le commando chargé de brûler les cadavres. Ils étaient devenus de véritables bêtes fauves, insensibles à tout et à tous. Leur âme même semblait imprégnée par l'odeur de chair calcinée qui constituait leur univers quotidien. Ils n'avaient gardé de l'enfance qu'une apparence physique. C'étaient des moineaux transmués en charognards. Leurs yeux et leurs paroles étaient ceux de vieillards de soixante ans et plus. En fait, ils n'avaient plus d'âge, plus d'identité. Des *pue-la-mort* pour qui plus rien n'avait de valeur.

J'eus à affronter l'un d'eux. Il me parla en yiddish avec une arrogance et une violence inouïes, comme s'il n'avait eu en face de lui non un presque adulte, mais un futur client dont il aurait bientôt à traiter le cadavre. Je ne savais que lui répondre. Quels mots assez forts aurais-je pu opposer à toutes les atrocités dont il avait été le témoin ?

Ces enfants d'Auschwitz préfiguraient les Khmers rouges de Pol Pot et tous ces mômes embrigadés de par le monde au nom de causes ou d'idéologies qui n'ont jamais eu que la mort comme finalité. La plupart d'entre eux, pour ne pas dire la quasi-totalité, ont été gazés par les SS. Quelques-uns ont réussi à s'échapper, si l'on en croit des témoignages. Comment ont-ils réussi à vivre ensuite une vie qui en soit une ? Je n'arrive pas à croire que cela ait été possible.

Les camps d'extermination ne s'en prenaient, en apparence, qu'aux corps, mais dans la réalité c'est tout l'être du déporté qui était mis à mal et progressivement déshumanisé, retranché de l'espèce humaine.

J'étais désormais parfaitement intégré à la blanchisserie et dans l'organisation qui synchronisait tous les trafics. J'avais réussi à ce que mon copain Marcel fût le *Stubendiest* (le responsable) de notre bloc. Sans cesse sur le qui-vive, je cherchais quelles nouvelles opérations pouvaient être montées tout en prenant garde chaque fois de limiter les risques.

C'est ainsi que j'appris l'intégration, au commando de la boucherie, de déportés politiques français. Nous n'avions, jusqu'alors, jamais pu avoir nos entrées dans ce bloc où se préparait la viande destinée aux SS et aux kapos. Je n'eus pas besoin de faire un long discours à Marcel pour qu'il saisît quel était l'enjeu. Notre tandem était parfaitement au point, et nous n'eûmes aucune difficulté à nous répartir le travail : je volerais des chemises à la blanchisserie et il les porterait à nos compatriotes en vue de les échanger contre de la viande.

Le jour dit, je piquai les liquettes, les lavai et les repassai avant de sortir, comme si de rien n'était, un paquet sous le bras. Je traversai le camp d'un air détaché pour rejoindre mon bloc, comme si j'allais livrer mon colis à des SS. Marcel m'attendait. Notre plan ne souffrait d'aucune improvisation. Tout était au point, minuté.

Nous avions calculé que l'opération devait durer deux heures au plus, le temps pour mon compère de livrer la marchandise et de ramener la viande. L'idée de dévorer un bifteck me plongeait dans un état d'exaltation que je n'avais plus connu depuis fort longtemps. En reconnaîtrais-je seulement le goût ? Qu'importe ! J'étais prêt à sacrifier tout ce que je possédais pour ce bonheur-là.

Je me couchai pour ne pas succomber à la torture de l'attente. Une heure passa, puis deux, et trois. Mon moral suivait le cheminement inverse des aiguilles d'une montre. Il est vrai que le pire était toujours ce qu'il y avait de plus facile à envisager à Auschwitz. Je fus bientôt habité par une certitude : Marcel avait été pris et, quelle que fût son amitié pour moi, il ne tarderait pas à tout avouer. Nous étions perdus et finirions au bout d'une corde après avoir été copieusement rossés.

Impossible, bien sûr, de trouver le sommeil. Je m'en voulais d'avoir tenté un aussi gros coup. J'en étais là de mes réflexions lorsque Marcel arriva enfin, trébuchant au passage sur tous les lits avant de s'écrouler sur une paillasse. Je n'eus pas besoin de le questionner pour comprendre. Il empestait l'alcool et la vinasse. Le bougre était fin soûl, et je ne pus tirer de lui que des borborygmes entrecoupés de rots d'ivrogne. Je le laissai dans les bras de Bacchus et de Morphée, et partis rejoindre mon poste de travail. J'étais lessivé, mais il ne perdait rien pour attendre.

Je faisais désormais partie de la brigade de jour et passai la journée à bâiller et à me traîner. C'est un Marcel tout penaud que je retrouvai. On aurait dit un enfant pris en faute. Je le sentis au bord des larmes et furieux contre lui-même. Il ne fut pas un très bon avocat et ne chercha même pas à plaider sa cause :

– Je n'ai aucune excuse, Joseph. Je me suis fait avoir comme un bleu. Ils étaient tellement contents de voir un Français qu'ils m'ont offert un steak à manger.

– Il était bon, au moins ?

– Te moque pas !

– En tout cas, ce n'est pas la bidoche qui t'a mis dans un état pareil !

– Ils m'ont demandé de trinquer avec eux à la France, à Paname, à je ne sais plus quoi. À la fin, je ne savais même plus où j'étais et les chemises avaient disparu...

– Elles ne devaient pas être très loin !

J'aimais trop Marcel pour lui en vouloir longtemps, et puis j'étais tout de même rassuré sur notre sort. Nous nous mîmes d'accord pour une seconde tentative, et il me jura ses grands dieux qu'on ne l'y reprendrait plus, et qu'il saurait résister aux tentations éthyliques. À l'entendre, nos compatriotes avaient profité de sa naïveté et de l'occasion, mais ce n'étaient pas des truands.

Néanmoins, je l'assommai de recommandations en lui remettant quelques jours plus tard un nouveau lot de chemises. Cette fois-ci, il revint triomphant avec trois steaks. Cela faisait des mois que je n'avais pas vu un morceau de viande. Restait à les faire griller correctement, ce qui n'était pas un mince problème !

Nous construisîmes une espèce de barbecue pour la cuire au feu de bois. Nous nous apprêtions à nous lancer dans cette opération délicate lorsque survint un kapo en retraite qui dormait dans notre bloc. Nous avions tous les deux des relations très bizarres. D'un côté, il était sans cesse sur mon dos à me dire : « Je vais te dénoncer » ; de l'autre, il volait des chemises qu'il me confiait lorsqu'elles étaient usées pour que je les retourne et les pique à la machine. Cela lui permettait de les échanger contre de la nourriture. Il avait besoin de moi, mais visiblement je l'énervais au plus haut point.

Nous l'entendions venir de loin, car il était doté de deux jambes artificielles qui rendaient un son très particulier sur le sol. Pourtant, ce jour-là, trop pris par nos préparatifs culinaires, nous nous étions laissé surprendre. À la vue de la viande, son visage s'empourpra, et nous crûmes un instant que cet homme de cinquante ans passés allait se mettre à trépigner, comme un enfant, malgré son infirmité.

Je fus, évidemment, la cible privilégiée de sa furie :

– Je te tiens. Je vais te dénoncer.

– Si tu fais ça, qui t'arrangera les cols de tes chemises ?

Mon impertinence le laissa sans voix. Il s'éloigna, et nous pûmes enfin nous consacrer à la cuisson de notre trésor. De nos steaks. La viande ne devait pas être spécialement tendre, mais elle me parut pourtant fondre dans ma bouche. Son odeur tarda ensuite à se dissiper, attisant déjà notre nostalgie.

Yuppe, le kapo de la blanchisserie, était sur mon dos depuis qu'il s'était mis en tête que je me livrais à des trafics. Il m'avait effectivement trouvé une fois en train de faire quelque chose d'apparemment étrange, mais il n'avait aucune preuve. Néanmoins, il avait tenu à me prévenir en aparté :

– Joseph, je suis certain que tu « organises ». Prends garde ! Si je te prends sur le fait, je te fais arrêter et tu sais comment cela se terminera pour toi.

Il avait joint le geste à la parole, et mimé une corde autour de son cou. Il était d'autant plus dangereux que nous le voyions rarement. Il se promenait et dormait avec ses deux gros bergers allemands. Il n'était pas réputé pour être une brute ou un vicieux, mais nul ne pouvait prétendre le connaître vraiment. Les traits de son visage ne trahissaient ni intelligence ni finesse. C'était un être quelconque, mais il n'offrait pas de prise et je devais donc m'en méfier particulièrement.

Une nuit, je sortis avec un gros lot de chemises pour une opération relativement importante. Normalement, à cette heure-là, je ne risquais pas de le croiser. Je me glissai dans le camp selon un circuit devant limiter au maximum les risques de mauvaises rencontres, et tombai sur lui. Nous avancions l'un vers l'autre, et je n'avais aucun moyen de m'esquiver. Il allait me mettre la main dessus. J'étais foutu. Je continuai à marcher mais je sentais mes jambes se dérober sous moi. J'arrivai enfin à sa hauteur. Il détourna la tête et poursuivit son chemin comme si je n'avais pas existé. Mon destin avait tenu à son humeur du moment. S'il avait été mal luné, c'en était fait de moi. La survie quotidienne à Auschwitz dépendait aussi de petits riens, de coups de dés du hasard, ou tout simplement de chance. Il n'est pas un survivant qui n'ait pas eu mille fois l'occasion de mourir.

Politesse du désespoir et résistance par l'absurde, l'humour avait réussi à survivre derrière les barbelés qui entouraient le camp. Il se faisait le plus souvent discret, pour ne pas dire évanescent, mais parfois il resurgissait là où on l'attendait le moins. Les hommes ne rient pas sur commande mais ils ne peuvent, pas plus, contrôler cette libération de l'être qu'est le fou rire.

L'un des travailleurs de l'atelier se singularisait par sa bonhomie. Chemereck, un Juif polonais, riait tout le temps. Rien ne paraissait pouvoir affecter sa bonne humeur. De loin, si on ne le connaissait pas, on pouvait le prendre pour un simple d'esprit. En fait, si Chemereck s'esclaffait à tout propos, c'était pour économiser ses paroles ; non qu'il fût avare, mais chaque mot lui prenait un temps infini et se transformait en feuilleton truffé d'onomatopées. Il n'était pas bègue, mais une caricature de bègue.

Quelle détente lorsqu'il entreprenait de m'expliquer un travail ! Je l'avais exécuté avant même qu'il ait achevé sa tirade. Comme la plupart des déportés, il en avait trop vu pour s'arrêter à des détails insignifiants. Son visage sympathique et comique à la fois lui épargnait, avec force mimiques, bien des discours. Il était d'ailleurs bon public et était le premier à rire lorsque je l'imitais en bredouillant de mon mieux. Chemereck s'ennuyait un peu au fond de la blanchisserie où il avait été affecté au tri et au séchage des grosses pièces. Aussi, il s'échappait souvent de son poste pour aller de l'un à l'autre en essayant d'engager la conversation dans un monologue frénétique. Nous aimions tous Chemereck. Il ajoutait presque malgré lui de la fraîcheur à tout ce qu'il approchait. Pourtant, lui aussi, comme tant d'autres, avait vécu au-delà de l'imaginable.

Un jour, un déporté de Birkenau se présenta à mon patron et entreprit de lui demander un renseignement. Fait incroyable ! Le pauvre était encore plus bègue que notre Chemereck. Le patron s'arrêta, le conduisit de l'un à l'autre afin que chacun pût goûter la qualité de son phrasé. Progressivement, nous lui fîmes escorte jusqu'à notre orateur maison qui, ne se doutant de rien, faisait tranquillement son boulot.

Lorsque cet inconnu bégueta son renseignement, Chemereck crut qu'il se foutait de sa gueule et commença à l'injurier en bégayant, ce que l'autre prit aussitôt pour une allusion malvenue à son infirmité. Quel duo ! Intarissable ! Ils criaient et s'insultaient en yiddish et en vinrent bientôt aux mains. Ce duel de bègues dura une bonne demi-heure. Un combat de titans au bout duquel ils s'étaient arraché mutuellement leurs revers.

Tous les travailleurs de la blanchisserie étaient pliés en quatre et hurlaient de rire. Pourtant, la presque totalité de ces hommes avaient perdu femme et enfants. Ils étaient des survivants en sursis, mais la vie, par et grâce au rire, venait de reprendre le dessus pendant quelques minutes. Moi-même, il me semblait que je n'avais jamais autant ri de ma vie. J'avais mal au ventre et je pleurais de joie, ne pouvant reprendre mon souffle. Avec le recul, il me semble que cette scène résume parfaitement l'Histoire du peuple juif où alternent les pleurs et les rires, même si, hélas, les premiers sont plus nombreux que les seconds.

Tout, finalement, pouvait arriver à Auschwitz, même que la justice fût rendue.

Des déportés étaient parfois transférés d'un camp dans un autre. Quelques « privilégiés » en firent ainsi plusieurs. Tel était le cas d'un homme qui, arrivant à Auschwitz, tint à faire valoir aussitôt les droits dus à son ancienneté. Il se présenta donc à la blanchisserie pour y obtenir un poste.

Quelques vieux le prirent en charge :

– C'est d'accord ! Viens ce soir. Les gars de l'équipe de nuit te trouveront un travail.

– Merci.

– C'est normal. Entre anciens.

Je travaillais sans me douter de rien lorsque, à trois heures du matin, toutes les lumières de l'atelier se sont éteintes. D'autres, plus tamisées, s'allumèrent, et je distinguai derrière une table plusieurs déportés dont un qui paraissait présider. C'était un tribunal. Je n'en revenais pas. Le nouveau venu était solidement encadré afin qu'il renonçât à toute velléité d'évasion. Ce ne fut pas une parodie de procès et toutes les formes élémentaires de la justice furent peu ou prou respectées.

Il y eut d'abord la vérification de l'identité de l'inculpé, puis un interrogatoire en règle sur les camps dans lesquels il avait séjourné. Des témoins se succédèrent ensuite et racontèrent comment il avait participé à la mise à mort de juifs.

– Il a tué mon père !

– Je l'ai vu assassiner mon frère !

Je n'arrivais pas à croire que l'un des nôtres ait pu être l'auxiliaire des nazis. Je ne quittais pas des yeux l'homme. Au fur et à mesure des témoignages, son visage se décomposait et un tremblement agitait ses pieds. Il reconnut finalement les faits et ne chercha même pas à s'inventer une excuse.

Les juges et les jurés se concertèrent quelques minutes et le président lut la sentence :

– Attendu que tu as reconnu avoir tué des juifs, nous te condamnons à mort. As-tu quelque chose à déclarer ?

L'homme hocha la tête en signe de dénégation, les lumières se rallumèrent, ils l'emmenèrent, et le travail reprit comme s'il ne s'était rien passé. D'ailleurs, officiellement, il ne s'était rien passé ! Il fut exécuté dans la nuit, sans que je sache par qui ni comment, et la mort dut paraître suffisamment naturelle aux Allemands pour qu'il n'y ait pas d'enquête.

Les douches de la blanchisserie étaient impeccables. Un modèle de propreté germanique. J'étais à l'ouvrage lorsque j'entendis, venant de là-bas :

– *Klein Schneider !* (« Petit tailleur » !)

Voyant que je ne réagissais pas, mon patron intervint :

– C'est pour toi ! On t'appelle à la douche !

J'y allai. Un officier SS en chemise attendait. Pas un trait de son visage ne laissait filtrer la moindre expression. Son regard semblait me traverser sans vraiment me voir. Il me tendit un bouton :

– Couds-le-moi en haut de ma chemise, près du col.

Je sortis le fil blanc et l'aiguille que j'avais sur moi et m'avançai vers lui. Son arme de service était accrochée pas très loin de mon nez. Elle me narguait. Je fis tout pour dominer mon tremblement. Comment réagirait-il si la pointe de l'aiguille effleurait sa peau d'Aryen ?

Je pense qu'il prit du plaisir à sentir la crainte qu'il m'inspirait. Je ne demandai pas mon reste et repartis dès le bouton cousu. Les anciens m'attendaient. Ils étaient tendus à l'extrême.

– Qu'est-ce que vous avez ? Il s'est passé quelque chose durant mon absence ?

– Tu sais avec qui tu étais ?

– Non !

– Mengele ! Le docteur Mengele.

– Et alors ! C'est un SS comme un autre !

– Pire que les autres ! Il fait un carton au hasard sur un corps quand ça lui prend. Il suffit qu'une tête ne lui revienne pas, et il tire.

– Il n'est pas le seul à agir ainsi.

– Peut-être ! Mais chez lui c'est un tic. Il est responsable de toutes les expériences médicales. C'est un sadique à sang froid.

Noël. Le mot seul nous ramenait à la magie de l'enfance. Les nazis décidèrent de célébrer celui de 1944. Les musiciens eurent quartier libre pour aller jouer ce qu'ils voulaient dans les blocs. Ce fut comme une fenêtre ouverte sur le passé. Jamais, auparavant, je n'avais ressenti avec une telle intensité la force nostalgique de *Saint Louis Blues* interprété à la trompette. Et puis, soudain, un violoniste joua *L'Alouette*. Alors, des oiseaux m'entourèrent de leur chant et me tirèrent à eux par-dessus les barbelés. Le chant du violon lavait mon corps et mon cerveau de tous les outrages qu'ils avaient subis. La vie, avec ses merveilles, me soufflait : « Viens... » Je rouvris les yeux. Et dire que je ne verrais plus jamais Noël ni aucune autre fête...

Les kapos avaient décidé de festoyer. Ils dressèrent une table, qui nous parut superbe, dans notre bloc. Nous pouvions humer à loisir le fumet de leurs plats. Nous en avions l'eau à la bouche. Ils burent, mangèrent, chantèrent et rirent tout leur soûl. Notre présence ajoutait au bonheur qu'ils prenaient à se goinfrer. Ils en étaient au dessert et aux rots de satisfaction lorsque l'un d'eux se leva et nous porta un toast :

– Juifs, jamais vous n'avez eu une aussi belle fête de Noël !

LA MARCHE DE LA MORT

Kapos et SS avaient eu beau fêter les fêtes de fin d'année, l'Histoire, inexorablement, les rattrapait. À l'Ouest, les troupes anglo-américaines avaient contenu la contre-offensive des troupes de Rundstedt dans les Ardennes ; à l'Est, le rouleau compresseur soviétique avançait malgré des poches de résistance comme celle de Budapest. Nous ne savions, hélas, rien de tout cela, coupés que nous étions du reste des hommes.

Nous réagîmes seulement lorsque l'aviation russe bombarda le camp. La rumeur se propagea aussitôt que l'Armée rouge était aux portes du camp. Les bombes avaient tué quelques-uns des nôtres, dont le père d'un ami, mais nous ressentions une sorte de nervosité proche de l'excitation. Certains guettaient le ciel, espérant y apercevoir des avions ; d'autres, plus rares, se montraient presque vindicatifs :

– Pourquoi ont-ils attendu si longtemps pour bombarder ce cul du monde ?

– Mais qu'est-ce que tu dis ? Il n'y a rien à bombarder ici. Pas d'usine d'armement.

– Il y a nous !

– Nous ! Nous ! Mais ils nous ont déjà oubliés !

Les nazis effectuèrent un dernier tri, ce qui nous plongea tous dans l'angoisse, car même les plus anciens n'arrivaient pas à déterminer les choix de nos bourreaux. Les déportés jugés bons pour le voyage reçurent des couvertures, des chaussures, des vêtements, un pain et un saucisson entiers. La ration pour cinq jours ! Cette magnificence n'annonçait rien de bon.

Nous ne regardâmes même pas vers ceux qui restaient, les promis à la chambre à gaz ou à l'exécution sommaire. Les portes d'Auschwitz s'ouvrirent devant nous. Je n'avais aucune raison de me retourner. Je ne laissais derrière moi que de la souffrance, des larmes, et des cadavres. Ce camp avait fait de moi un orphelin.

Nous formions une armée de somnambules au corps décharné. Une file interminable de plusieurs dizaines de milliers de déportés sur des kilomètres. Les SS marchaient à côté de nous, armés jusqu'aux dents et suivis par des popotes roulantes afin qu'ils ne manquent de rien durant cette évacuation. Où allions-nous ? Cela n'avait aucune importance. D'un enfer l'autre, quelle différence !

La terre de Pologne était blanche, presque immaculée. Comment pouvait-il y avoir tant de neige autour d'Auschwitz alors que les cendres de quatre millions d'hommes, de femmes et d'enfants auraient dû imprégner le sol, le consumer et empêcher qu'un manteau ne le recouvre ?

Les troupeaux de bœufs ou d'agneaux qui partent à l'abattoir me font penser à ce que nous étions alors. Nous allions être tués. Comment en douter ? Mais, en attendant, il fallait avancer pour simplement vivre quelques heures, un jour de plus, car être encore vivant tenait du miracle, du défi à la raison.

Nos corps étaient si légers qu'ils effleuraient à peine la neige glacée. Il faisait froid, mais moins vingt ou moins vingt-cinq ne veulent rien dire lorsqu'on est à ce point dépossédé de soi. S'arrêter signifiait se suicider, car une balle dans la tête récompensait celui qui ne pouvait plus suivre le rythme de la marche.

L'homme ne connaît pas ses limites ou, plutôt, il n'en

a pas, hors celles que la mort fixe pour chacun d'entre nous. Me pisser dessus. Me chier dessus. Je le faisais. Comme les autres. Pour obéir aux ordres. L'odeur de merde et de pisse, je ne la sentais même plus. Mes excréments me collaient à la peau, me brûlaient, me réchauffaient même. Des dizaines de milliers de tinettes ambulantes. Voilà ce que nous étions devenus.

Après un jour, une nuit et des kilomètres de marche forcée, même le poids d'une couverture me devint insupportable. Il aurait fallu que je la garde pour lutter contre l'emprise du froid, mais la fatigue était la plus forte.

Je dormais en marchant, la bouche à demi ouverte, titubant, me faisant repousser par ceux que je heurtais ou frôlais. Chacun avançait pour soi sans se soucier des autres. Cinquante mille solitudes qui n'avaient plus la force de se parler, de se soutenir les unes les autres. Celui qui tombait était piétiné par des centaines de pieds avant qu'une balle nazie mît un terme à son martyre.

J'avais faim mais étais incapable de mâcher du pain. Je finis par jeter le morceau qui me restait pour m'en libérer. La seule présence humaine que je sentais près de moi, en moi, était celle des poux. Ils grouillaient et se repaissaient de moi jusqu'aux os. Je m'y habituai comme au reste. Ils ne m'inspiraient plus aucun dégoût.

J'avançais en titubant quand un soldat allemand vint à ma hauteur, une caisse de munitions à la main, et gueula :

– Porte-moi cette caisse !

Que s'est-il passé ? Encore aujourd'hui, je ne saurais le dire. Il m'était impossible de la porter. Je serais mort d'épuisement. Mais, refuser, c'était aussi me condamner à mort. Je choisis la seconde solution pour une fin plus rapide. J'aurais tant aimé en finir.

– Non !

– Quoi ?

– Je ne veux pas !

Mon insolence hébétée le laissa perplexe une seconde ou deux, puis il me gifla à deux reprises. Cela me réveilla. Je le vis s'éloigner et confier sa charge à un autre déporté. Ce dernier réussit à la hisser sur ses épaules et plia sous elle pendant quelques centaines de mètres. Quand il commença à rejeter la tête en arrière pour reprendre son souffle, je compris que sa fin était proche. Il trébucha, tomba à genoux, et reçut sa balle de délivrance. Je passai près de son cadavre sans un regard pour lui ni pour la caisse de munitions. J'avais sauvé ma tête. Mais pour combien de temps ?

Nous fîmes une courte halte au camp de Glaiwicz. Je n'en pouvais plus. Mon corps en miettes pesait des tonnes. Un Polonais s'approcha de moi, m'attrapa, me secoua, et grommela :

– Donne-moi tes chaussures !

– Oui ! Tout de suite !

Je me baissai, faisant mine de les enlever, et, avec une énergie dont je ne me serais plus cru capable, je me jetai tête la première dans son estomac. Il ne recula même pas sous le choc mais fut tellement surpris que j'eus le temps de m'enfuir et de rejoindre un groupe de copains d'Auschwitz, dont Marcel. Nous ne pesions pas bien lourd tous ensemble, mais je me sentais plus en sécurité auprès d'eux. J'étais en éveil, tel un animal traqué, et je cherchais des yeux où pouvait être ce Polonais. Nu-pieds, je n'aurais plus eu aucune chance de m'en sortir. J'étais bien décidé à ce qu'on ne prenne mes chaussures qu'à mon cadavre.

Et la marche de la mort reprit. D'autres déportés

étaient venus grossir nos rangs. Les nazis semblaient vouloir ne laisser aucun survivant derrière eux, comme pour effacer toute trace humaine. Nous marchâmes encore un jour ou deux avant d'atteindre le camp de Monowicz. Nous semions, tel le Petit Poucet, des cailloux derrière nous. Des cadavres.

C'est en sortant de ce camp que nous subîmes une nouvelle sélection. Nous passions devant des SS. Ils examinaient nos visages et nous désignaient ensuite une file. À droite, les sursitaires ; à gauche, les condamnés. Tout se jouait sur la gueule. Si elle ne plaisait pas, la mort était au bout du rictus d'un SS. Je passai en relevant la tête et en essayant de n'accrocher aucun regard. J'aurais voulu être transparent. Les SS avaient installé un peu plus loin des nids de mitrailleuses de chaque côté de la route. Certains, dont des anciens, essayèrent désespérément d'échapper à leur destin. Ils criaient, à s'en arracher les poumons :

– Laissez-moi vivre !

– J'ai une femme, des enfants.

– Je suis solide... Je peux marcher.

– Je peux tenir le coup... Je veux vi...

Seul le crépitement des balles leur répondit. Les tireurs s'en donnaient à cœur joie, comme soûls de leur sauvagerie. Les cris des agonisants se mêlaient aux supplications de ceux qui inexorablement étaient poussés vers l'abattoir. Bientôt, il y eut un monceau de cadavres sur la route. La neige en était recouverte et des rigoles de sang s'écoulaient et se rejoignaient en un ruisseau. Nous avancions, et les râles d'agonie de nos camarades nous poursuivaient.

Pourtant, nous étions tous habitués à la mort, elle était notre compagne, nous n'aurions pas dû être choqués par cette montagne de suppliciés qui avait marqué notre passage à cet endroit. Je ne saurais dire combien de jours et de nuits nous avons marché. Nos rangs étaient de plus en plus clairsemés et la faim nous torturait. Je ne fus pas le témoin direct de cas d'anthropophagie, mais la rumeur courait dans nos rangs que des déportés, dans leur rage à survivre, avaient été jusqu'à manger de la chair humaine. Qui croire ? Tout, hélas, était possible !

Nous nous arrêtâmes dans un autre camp. On nous poussa dans des blocs. Nous ne tenions plus debout et, quand nous vîmes qu'il y avait des lits, nous perdîmes tout sens des réalités et déchirâmes des couvertures pour entourer nos pieds gelés. Ce fut presque une crise d'hystérie collective. Ensuite, nous nous écroulâmes tous comme des masses sur les lits. Pauvres corps meurtris à l'abandon en quête d'un peu de chaleur !

Moins d'une heure plus tard, les hurlements des SS nous firent sortir de notre torpeur. C'était un appel. Je retrouvai mes réflexes et m'arrangeai pour ne pas être dans les premiers rangs. Nous nous mîmes en ligne. La neige et le froid eurent vite raison de nos dérisoires protections, mais celles-ci mirent en fureur les SS. Réduire en lambeaux des couvertures du camp ! C'était ni plus ni moins du sabotage.

Les déportés des premiers rangs furent emmenés les uns après les autres dans des baraquements. Ils y étaient sauvagement passés à tabac et en ressortaient le visage en sang. C'était une ronde infernale, insoutenable, car les hurlements des torturés faisaient écho aux gémissements de douleur des blessés qui avaient repris place parmi nous. Leurs visages et leurs corps tuméfiés les condamnaient à recevoir tôt ou tard le coup de grâce.

Pendant que nos camarades subissaient la rage des SS, nous nous étions débarrassés des morceaux de couverture dont nous étions couverts et, le plus discrètement possible, nous les avions enterrés dans la neige. La seule solidarité que nous puissions exprimer était de nous protéger pour survivre à n'importe quel prix.

Dans ma hâte à dissimuler toute trace, je creusai tellement que je m'enfonçai dans la neige. Je réussis à tout égaliser autour de moi, à l'instar de mes camarades. Lorsque les SS inspectèrent le secteur dans lequel je me trouvais, je feignis l'indifférence, l'absence. Le regard perdu au loin vers l'horizon. Une fois de plus, j'avais échappé au pire, mais chaque fois cela tenait à presque rien. Un caprice du destin.

La race des seigneurs connaissait, heureusement pour nous, des moments de fatigue, bien qu'elle soit correctement nourrie et en partie motorisée. Les SS, de plus en plus épuisés, multipliaient les arrêts. Depuis notre départ d'Auschwitz, la moitié des évacués avait déjà succombé.

De temps à autre, nous traversions des villages polonais. Les paysans nous regardaient comme si nous arrivions d'une autre planète. La plupart paraissaient ahuris de voir passer les fantômes d'hommes que nous étions. Quelques-uns avaient un rictus mauvais en découvrant que la plupart d'entre nous étaient juifs. Même ombres humaines, nous étions encore de trop pour eux.

Dans l'un de ces hameaux, Micka, un Polonais, aperçut sa mère. Il était à quelques mètres à peine de chez lui ! Ce paysan grand et bien charpenté, catholique de surcroît, supportait mieux le climat, qui lui était familier, et avait quelques kilos, c'est le moins que je puisse dire, de plus que les autres déportés.

Sa mère ne perdit pas de temps. Elle courut dans sa ferme et en rapporta de la nourriture, dont un poulet cuit. Le héros de l'heure fut vite entouré, courtisé, mais il ne répondit à aucune des supplications ou sollicitations, et, comme il était plus costaud que nous tous, personne ne tenta de le dévaliser de force. Sa face n'exprimait aucun sentiment. Je n'eus pas plus de succès que les autres en lui proposant mes chaussettes. Il ne pensait qu'à se goinfrer le plus rapidement possible, ne nous laissant pas une miette de son festin. C'était d'ailleurs folie de sa part, car il avait si peu mangé depuis quelques jours qu'il risquait de se rendre malade, mais nous aurions tous agi comme lui si nous en avions eu le loisir. Son égoïsme se révéla incorruptible et il ne nous abandonna même pas un os. Un animal sauvage ne voyant pas plus loin que l'instant, voilà ce que cet homme était devenu, comme nous tous.

La plaine polonaise n'était qu'un désert blanc peuplé de quelques oasis hostiles ou indifférentes. Nous reçûmes l'ordre, dans un hameau, de nous arrêter et d'attendre. La fatigue avait pris tous mes membres. Je m'abattis sur le sol gelé. Dormir. Sombrer dans le néant. Pas un seul de mes muscles ne répondait à mes sollicitations. Automate sans volonté, j'attendais. Les poux manifestaient leur présence avec une voracité chaque jour plus forte. Ils étaient l'unique trace de vie perceptible sur moi. Ces parasites avaient élu domicile sur les morts-vivants que nous étions. Ils étaient gras à souhait et se promenaient en conquérants sur nos carcasses squelettiques. Ils paraissaient dédaigner les corps repus des SS et des kapos. Racistes, ces poux ? Philosémites ?

Nous restâmes des heures ainsi, engourdis par le froid et la faim. Que signifiait encore pour nous le passage du jour à la nuit sous un ciel en barbelés ? Je ne parlais à personne et pourtant ne souffrais pas de solitude. Près de moi, en moi, je sentais la présence de ceux dont je devais désormais perpétuer le passage sur cette terre. J'avais promis à mon père. Mais combien avais-je de chances de pouvoir tenir ma parole ? Pratiquement aucune ! Tenir ! Tenir ! Au-delà de mes forces et de mon désir de me laisser glisser dans la torpeur bienveillante qui m'envahissait.

Le bruit courut que nous allions être embarqués dans des trains. Ne plus marcher ! Ne plus sentir la neige brûler et vriller les plaies de nos pieds. Quelques déportés reprenaient espoir, d'autres se montraient soulagés. Notre troupeau fut conduit à une gare. Une longue file de wagons à bestiaux découverts attendait sa cargaison de moribonds. Même serrés les uns contre les autres, nous ne manquerions pas d'air et pourrions essayer de deviner vers quel purgatoire ils nous menaient.

Les SS et les kapos retrouvèrent vite leurs automatismes pour nous pousser à coups de crosse. Dix, vingt, trente, soixante, cent. Impossible de déterminer à combien ils nous firent tenir dans chaque wagon. Nous ne pouvions tomber tant nous étions compressés. Os contre os. Poux contre poux. Nos excréments se mêlaient, mais le vent dissipait les odeurs nauséeuses et fouettait nos visages que le froid grignotait.

Nous avions réussi avec quatre ou cinq Français, dont Marcel, à nous retrouver contre la rambarde. Nous étouffions moins mais ne pouvions tout de même pas bouger un bras ou un pied. Le gros Micka, le Polonais goinfre, n'était pas très loin de nous. Bloc massif environné de squelettes. La nuit nous enveloppa bientôt de son linceul. Les gémissements des agonisants se firent plus aigus. Le train de la mort signalait son passage dans les campagnes enneigées par une sorte de hurlement. De requiem. Kaddish psalmodié par des milliers de poitrines en souvenir de millions de morts.

La mort ne tarda pas à venir prélever son dû parmi

nous. Épuisement ou étouffement. Les cadavres s'accumulaient. Certains réussissaient, malgré la pression, à glisser sur le plancher et mouraient piétinés par leurs camarades. Sans nous concerter, nous décidâmes d'évacuer les morts, ce qui ne fut pas simple car il fallait les amener près de la rambarde pour les basculer par-dessus.

Évidemment, au fur et à mesure, cela devint plus simple car nous avions de la place pour manœuvrer les corps. Les SS, eux, s'amusaient à faire des cartons sur ces « évadés », mais bientôt ils se lassèrent car nous n'arrêtions pas d'évacuer les dépouilles de nos compagnons. Nous pûmes même bientôt nous asseoir dessus avant de nous en débarrasser. Nous étions encore plus déshumanisés que les cadavres.

Notre convoi de la mort traversa des villages et des villes. Les Polonais nous montrèrent partout une indifférence tenace. Même nos morts étaient de trop pour eux. En Tchécoslovaquie, en revanche, des gens nous manifestèrent de l'attention. Petits gestes discrets de la main, regards appuyés. Quelques Tchèques se plaçaient sur les ponts et nous jetaient un peu de nourriture.

J'eus la chance d'attraper au vol un petit pain. Je le serrai dans ma main avant de le porter à ma bouche. J'essayai de croquer dedans. Insistai. Impossible. Je n'avais plus de salive. Mes dents glissaient sur la croûte dure comme du béton. Je m'énervai et finis par le lancer au loin. Pas un instant je n'avais songé à l'offrir à l'un de mes compagnons d'infortune !

La faim, je la connaissais de longue date. C'était une vieille camarade avec laquelle il m'était facile de ruser. Je ne pouvais rien, en revanche, contre la soif qui me torturait le palais et la poitrine. Comme tous les gosses, j'avais lu jadis des récits de voyageurs, égarés dans un désert, qui avaient vu des mirages. Lorsque, par bonheur, je somnolais, des cauchemars m'assaillaient mais le pire, c'était un rêve.

J'étais installé à la terrasse d'un café. Un garçon s'approchait avec un plateau sur lequel était posée une chope de bière. Je précédais son geste et tendais la main pour la saisir, mais, au moment où je l'attrapais pour la boire, je me réveillais en sursaut, la gorge en feu.

Quelques déportés se jetèrent du train, préférant être fauchés par les balles allemandes plutôt que de souffrir mille maux. Certains réussirent à s'évanouir dans la nature. Un seul a-t-il survécu ? Je faillis faire de même avec mes copains, mais nous renonçâmes après de longues discussions. Nous n'étions pas mûrs pour le suicide !

À chaque halte du train, des fous de soif descendaient et allaient boire l'eau croupie et brûlante de la locomotive. Ces scènes amusaient un temps les SS, puis ils les tiraient comme des lapins. Pourtant, il en alla ainsi à chaque arrêt. Des hommes sacrifiaient leur vie pour ingurgiter une eau que n'auraient pas bue des animaux. Nous avions réussi, je ne sais comment, à confectionner une sorte de gamelle que nous avions attachée au bout d'une ficelle. Nous raclions la neige avec sur le bord du wagon. Loin de calmer notre soif, elle l'aggravait, mais pendant quelques secondes nous ressentions un soulagement, une impression de fraîcheur.

Notre convoi s'arrêta dans une gare importante. Civils et militaires allaient et venaient comme si de rien n'était. Personne ne prêta attention à notre train. Une voix, d'abord, cria :

– De l'eau ! Par pitié, de l'eau !

Des dizaines puis des centaines la relayèrent bientôt. Une crise de folie collective :

– De l'eau ! De l'eau !

Nous n'avions plus de salive, mais c'est de nos tripes que partaient ces cris désespérés. Des Allemands nous firent signe qu'ils avaient compris. Ils revinrent peu de temps après avec des grands seaux d'eau. Ils en perdaient un peu en avançant, mais quelle importance : il en resterait bien assez pour nous tous.

Ils posèrent les seaux sur le quai, puis tranquillement, impassibles, les renversèrent les uns après les autres. Les déportés hurlaient, tapaient sur les rambardes du train, mais rien n'y faisait, les nazis continuaient à vider l'eau. Marcel, qui avait mangé trop de neige, était brûlant de fièvre et ne savait plus très bien où il en était. Pris d'une crise de démence, il se mit à hurler, en français :

– Salauds ! Fumiers ! Vous êtes foutus ! Vous avez perdu la guerre !

Ses imprécations laissèrent de marbre les Allemands. Marcel, de plus en plus excité, les apostropha alors en allemand :

– *Hitler ist kaputt ! Deutschland kaputt ! Reich kaputt ! kaputt !*

Le Polonais Micka l'assomma d'un coup de poing. Nous fîmes cercle autour de Marcel, de crainte qu'il ne mourût étouffé. Ses cris, même dans la langue de Goethe, n'avaient provoqué aucune réaction. Le peuple le plus cultivé d'Europe avait été à ce point conditionné que les juifs n'étaient plus pour lui que de la vermine, une erreur de la nature, dont il fallait libérer la planète. Alors, que l'un d'eux aboie, quelle dérision ! Il finirait comme les autres. En cendres.

Marcel sortit progressivement des limbes, et je l'aidai à se relever :

– Tu es cinglé ! Tu te rends compte de ce que tu as fait ?

– Hein ! Quoi ! Je comprends pas !

– Tu as insulté les Allemands. Tu aurais pu tous nous faire flinguer.

– Je me souviens de rien, Jo.

– C'est pas plus mal.

Nous étions désormais en Allemagne. Nous traversions des villages proprets, souvent fleuris. J'imaginais les familles au chaud dans les maisons. L'eau dans la cuisine, dans la salle de bains, dans les toilettes. De l'eau à volonté. J'étais obsédé par l'eau. Si au moins il avait pu pleuvoir. Nous aurions offert nos corps à la pluie. Elle nous aurait lavés de toutes nos souillures et, gueule ouverte, nous aurions accueilli ses bienfaits.

Ma résistance, tout comme celle de mes compagnons, s'effilochait au fil des jours. On tient longtemps et, sans savoir exactement pourquoi, il arrive que l'on décroche. La lassitude. L'épuisement. J'ai craqué. Je me suis laissé glisser. Je n'en pouvais plus de souffrir, d'avoir soif. À quoi bon tenir. Pour qui ?

J'ai rampé jusqu'au milieu du wagon et suis rentré en moi tel un fœtus cherchant à retrouver le ventre maternel. Je me suis laissé aspirer par une tornade blanche. Cela faisait longtemps que je ne m'étais pas senti si bien. Heureux, presque. Mes malheurs étaient achevés. Jamais, sans doute, un être humain n'avait connu avant moi pareille sérénité. Je n'avais plus ni faim ni soif. Une douce chaleur s'était emparée de moi.

Je me réveillai le lendemain près de la rambarde. Comment étais-je arrivé là ? J'interrogeai Marcel :

– C'est toi qui m'as ramené ici ?

– Non, Jo.

– C'est qui, alors ?

– J'en sais rien. J'étais K.-O.

Les autres n'en savaient pas plus. Personne ne m'avait aidé. Quelle force m'avait rejeté vers la vie ? J'avais l'impression de revenir d'un autre monde. Je regardai autour de moi. Notre wagon était presque vide. Des cadavres gisaient au sol. Nous n'avions plus la force de nous en débarrasser. Sur vingt-cinq mille déportés qui furent entassés dans des wagons à bestiaux, deux mille à peine survécurent à ce voyage. Difficile, néanmoins, de parler à notre propos de survivants, nous étions tous des agonisants. Le souffle de vie qui nous animait encore était imperceptible.

Le train entra dans une grande gare. Nous comprîmes que nous étions arrivés à destination. La suite ne nous appartenait pas, mais au moins avions-nous franchi une étape.

LE DERNIER CAMP

Ils nous laissèrent croupir deux heures dans nos wagons avant de nous faire descendre sur le quai. Nous n'étions plus qu'une dizaine dans le nôtre. À nos pieds gisait la dernière moisson de cadavres. En remontant le long du train, nous en vîmes partout. Une invasion. Une épidémie. Pauvres corps crispés sur eux-mêmes, mais si squelettiques, si fragiles en leur éternité !

Étions-nous seulement différents de ceux que nous laissions derrière nous ? Nous avancions en file indienne. Nos regards formaient des oasis dans le désert de nos chairs. Les gens se détournaient de nous comme si, par notre seule présence, nous insultions l'espèce humaine.

Nous marchions, totalement indifférents à notre destination. Chaque pas devenait un pas de trop. Nous avions depuis longtemps dépassé cette invisible frontière d'où l'on ne revient plus. Absents au monde comme à nous-mêmes, nous n'avions même pas le cœur à nous réjouir des destructions dont les villages allemands portaient à leur tour les marques.

Toute terre, toute pierre nous était hostile. Nous y abandonnions des lambeaux de peau ou d'âme. Le camp de Flossenburg était situé en haut d'une colline. La côte à gravir me parut interminable. Chaque pas paraissait nous éloigner du but. Un calvaire. Sans croix. Sans rien.

De tous mes copains, il n'en restait plus que trois à

mes côtés. Un vieillard s'était arrêté. Quarante ans ou mille ans, c'était du pareil au même. Les os sur lesquels était déposée de la chair tuméfiée n'ont plus d'âge. Son souffle rauque était un râle. Il tendait les mains mais personne ne stoppait à sa hauteur, de crainte sans doute de ne pouvoir repartir.

– Aidez-moi à monter.

Son yiddish était la prière d'un agonisant. Je détournai légèrement la tête pour ne plus l'entendre, mais Marcel S. me prit le bras :

– Viens ! On va le prendre chacun d'un côté.

– Tu es cinglé ! Je ne sais même pas si j'arriverai au bout.

– Il faut le faire !

– Mais regarde-le ! Il est foutu.

L'homme ne disait rien. Il ne nous voyait même pas. Notre discussion ne le concernait pas. Marcel prit un bras du moribond et le passa au-dessus de son épaule. Je l'imitai tout en marmonnant :

– Tout ça pour rien.

– Avance et ferme-la !

Il ne pesait rien ou alors nous étions trop épuisés pour ressentir une fatigue supplémentaire. Nous étions presque arrivés au sommet de la colline lorsque je sentis que sa tête s'abandonnait contre moi en un doux relâchement.

– Marcel ! Il est mort !

Nous le laissâmes tomber à terre et continuâmes à avancer.

– Tu vois, cela n'a servi à rien !

– Tu te trompes, Jo ! Tu as fait là la plus belle action de ta vie.

Un acte gratuit.

– Inutile, oui !

– Il n'est jamais inutile de redonner de l'espoir à un

homme à l'article de la mort. Jusqu'à la dernière seconde, il s'est accroché, il a cru que, grâce à notre appui, il allait s'en tirer.

Je n'avais pas alors l'esprit à philosopher. Marcel S., qui n'avait que huit ans de plus que moi, venait pourtant de m'assener la plus belle leçon de vie qu'il me fût jamais donné de recevoir. J'y repense souvent quand un événement me met en demeure de réagir, de prendre position. L'indifférence m'est interdite car, à mon sens, les déportés survivants ont plus de devoirs que de droits. Il ne servirait à rien de témoigner au nom d'hier si ce n'était pour aujourd'hui et demain.

Venant d'Auschwitz, le camp de Flossenburg nous apparut presque comme un îlot de tranquillité. Il était principalement peuplé de déportés politiques, de droit commun, de prisonniers de guerre russes, ukrainiens et même français. Quelle que soit la dureté de leurs conditions de détention, elles ne pouvaient être comparées avec celles que nous avions endurées. De l'enfer, nous redescendions au purgatoire.

Quand ils nous ont vus arriver, c'était comme si les miraculés d'une apocalypse venaient à eux. Certains d'entre eux mesurèrent alors combien leurs souffrances, si réelles soient-elles, n'étaient rien comparées à toutes celles que la barbarie nazie avait offertes à l'humanité.

Ils n'eurent pas le loisir de nous contemplerdavantage. Nos gardes nous poussèrent dans des sous-sols.

– Déshabillez-vous ! À poil ! Vite !

Encore une séance de désinfection. Cela ne finirait donc jamais ! Qu'ils nous achèvent tout de suite ! Nus, nous étions presque transparents. Nos vêtements furent brûlés et nos corps aspergés de DDT. Nous flottions dans nos nouvelles frusques lorsque nous remontâmes à la lumière. On nous aligna en rang et nous reçûmes un quart d'ersatz de café et un morceau de pain. Cela ne fit qu'accroître ma soif. Je n'y tins plus. Je me faufilai et me replaçai dans la queue pour avoir une autre gorgée de ce breuvage. Un coup sur la tête salua ma manœuvre et on m'envoya valser plus loin.

Les autres déportés n'avaient pas réagi. Mon sort ne les intéressait pas plus que je ne me souciais du leur. Je voulais revenir à la vie par n'importe quel moyen. Boire. Manger. J'étais un animal qui luttait pour survivre. J'observais. Soudain, j'aperçus un « F » sur la vareuse de l'homme qui distribuait la boisson.

J'attendis qu'il eût terminé et je le suivis quelques mètres avant de l'aborder. Si c'était, comme je le supposais, un compatriote, je pourrais peut-être jouer sur la corde sensible.

– Tu es français ?

– Oui.

– Aide-moi. Je crève de soif. Trouve-moi n'importe quoi à boire.

– C'est à ce point ?

– Tu peux pas savoir. C'est horrible.

– Suis-moi !

Nous parcourûmes quelques mètres, et il me conduisit dans un recoin à l'abri des regards.

– Attends-moi là !

J'avais des brandons dans la gorge. Je n'en pouvais plus. Il ne revenait pas. Le salaud ! Il s'était foutu de ma gueule, ce bien-nourri, ce boit-sans-soif. Le voilà enfin. Décontracté, un blouson sur les épaules, les mains dans les poches. Je ne lui laissai pas le temps d'en placer une.

– Tu n'es qu'un enfoiré. Ça te fait jouir de te foutre de moi !

– La ferme ! Et pousse-toi.

Il nous mit à couvert, et ouvrit son blouson. Une

Thermos ! Je la lui arrachai des mains et bus tout d'un trait. Je sentis une chaleur se répandre dans tout mon corps. Du sang coulait à nouveau dans mes veines. Le Français me regardait, effrayé. Je repris mon souffle dans une sorte de hoquet triomphal. Je crois même que je lui ai souri dans une sorte de rictus de bien-être.

– Je ne sais pas qui tu es ni d'où tu viens, mais tu m'as sauvé la vie. Si un jour nous nous retrouvons, je n'oublierai pas ce que je te dois.

Il dut me croire fou. Quelle grandiloquence pour quelques gorgées d'une eau chaude colorée de café ! Il haussa les épaules, secoua la tête et s'éloigna.

Je me sentais si bien que j'entrepris d'arpenter les allées du camp à la recherche de mes compagnons du train. J'en trouvai un qui se roulait dans la neige. Il avait l'air hilare et me cria, dès qu'il me vit :

– Jo, j'ai bu jusqu'à plus soif. C'était bon, si bon...

– Où as-tu trouvé à boire ?

– On a crevé des tuyaux de plomberie. On a fait jaillir de véritables fontaines.

Il se tassa sur lui-même, ramassa sa couverture et la mit sur sa tête.

– Je suis si heureux d'avoir bu. Je vais en crever mais je m'en fous. Je n'en pouvais plus.

Je touchai son front. Il était brûlant. Il mourut comme des dizaines d'autres qui ne survécurent pas aux diarrhées et aux dysenteries qui torturèrent leurs malheureux corps déjà si affaiblis. Les chiottes en plein air ne désemplissaient pas. De jour comme de nuit, des déportés, le cul à l'air, essayaient d'extraire le feu de leurs entrailles. Ils se vidaient de tout, car après les matières fécales, et l'eau mêlée au sang, qu'auraient-ils pu évacuer, hors leur vie même ?

J'avais survécu, une fois de plus. Mais cela ne tenait pas à mon intelligence ni à mon flair. J'avais tout simplement eu la chance de ne pas tomber sur ces tuyaux percés car, même après avoir avalé la Thermos de café, la soif continuait à me torturer. J'avais d'ailleurs l'impression que j'aurais désormais soif jusqu'à la fin de mes jours.

Quelques-uns de ceux qui avaient bu cette eau glacée et malsaine ne survécurent que quelques jours avant de succomber. Ils gisaient et se traînaient, comme ils le pouvaient, jusqu'aux fosses. Une odeur de merde et de pourriture les précédait. Personne ne pouvait plus rien pour eux, ni les aider ni abréger leurs souffrances.

On nous enferma dans un sous-sol glacial. La mort semblait y avoir établi ses quartiers d'hiver. Les mieux portants attendaient, les autres agonisaient, croupissant dans leurs déjections. Des SS venaient parfois nous contempler. Un petit Juif polonais, à bout de tout, les apostropha, alors qu'ils ricanaient entre eux :

– Exterminez-nous tout de suite au lieu de nous laisser crever ici.

Les SS le regardèrent, notèrent son numéro, puis repartirent. Une immense tendresse m'envahit vis-à-vis de ce garçon de mon âge qui avait osé leur dire qu'après tout ce que nous avions enduré, nos vies n'étaient plus que des charges pour nous. Nous étions désormais hors d'atteinte de leur sauvagerie.

Un bloc nous fut attribué. C'était celui des Ukrainiens, dont nous savions tous qu'ils n'avaient de leçon d'antisémitisme à recevoir de personne, pas même des nazis. Partout, même dans les pires conditions, nous avions au moins eu droit à une paillasse pourrie.

Deux d'un côté, deux de l'autre, plus deux au milieu. Six corps recroquevillés par paillasse. Tel est le sort que nous réservèrent les Ukrainiens, brutes illettrées qui estimaient que c'était encore trop bien pour les assassins du Christ.

Les juifs, animaux malfaisants et contagieux, devaient être isolés des autres déportés. Ils obtinrent que les kapos leur donnent des barbelés. Ils les disposèrent sur des planches qu'ils clouèrent autour de nos grabats. Il ne fallait pas que la viande juive débordât, les contaminât. D'où ce camp de concentration reconstitué à l'intérieur d'un misérable bloc du camp de Flossenburg.

Les Ukrainiens exigèrent que nous soyons nus sur nos paillasses. Ensuite, comme à la parade, ils nous tapèrent sur les côtes avec des bâtons. La nudité ne nous offusquait plus. Nous avions perdu tout sens de la pudeur. Quant à la douleur, elle faisait partie de notre quotidien. Les brutes ne frappaient pas pour tuer, mais pour faire mal, pour se repaître de nos cris et gémissements.

Un camp sans travail forcé n'aurait pas été un camp. Un matin à l'aube, on nous fit sortir. Je gardai une couverture sur moi car j'avais froid en permanence. La peau flottait sur mes os. J'avais tant de peine à marcher que je pris soudainement conscience de mon état : « Tu as cent ans, Jo. Tu n'es plus qu'un vieillard hors d'usage. Un mort-vivant. Un squelette. À quoi bon continuer à avancer ? Laisse-toi glisser dans la neige. Tu auras enfin chaud. » Mais une autre voix aussitôt me répondit : « N'oublie pas, Jo, la promesse que tu as faite à ton père. N'oublie jamais que tu dois reconstruire une famille ! »

Nous n'étions évidemment plus capables de casser des pierres, mais devions néanmoins singer les gestes. Une pantomime de moribonds. Les SS s'en foutaient. L'important pour eux était que le rite fût maintenu. Qu'il ne soit pas dit que des juifs avaient été nourris par le Reich sans avoir travaillé comme des esclaves.

Le jeune Juif polonais qui s'était fait remarquer par

les SS en les interpellant fut en quelque sorte distingué par eux :

– Toi, la grande gueule, tu seras le chef des juifs dans ce bloc.

Dur à la tâche comme tous les Juifs polonais, il prit un peu trop son rôle au sérieux, et se mit à distribuer à qui mieux mieux les corvées. Il attribua la sortie des caissons de soupe à un Juif hongrois. L'heureux élu ne l'entendit pas ainsi :

– Je n'aurai pas la force de les porter. Je suis désolé.

– Désolé ! Désolé ! Tu vas voir.

Et le chef des juifs se comporta comme n'importe quel kapo, battit comme plâtre le récalcitrant. Ce dernier ne se défendit pas, mais en bon Juif hongrois, curieux de comprendre, il lui dit naïvement :

– Pourquoi me bats-tu ? Nous sommes pareils tous les deux. Deux juifs déportés.

Ce qui ne fit qu'exciter davantage encore le Juif polonais. Je lui pris le bras et le fixai dans les yeux. Je n'avais pas besoin de m'exprimer pour qu'il me comprît. Il a cessé de battre le Hongrois et s'est éloigné. Je me tournai alors vers la victime qui ne paraissait pas encore avoir saisi ce qui venait de se passer.

– Qu'est-ce qui t'a pris de lui poser des questions idiotes ? Tu refuses de travailler, il te tape, et tu demandes pourquoi. C'est absurde. Où te crois-tu ? Il te donne des coups. Tu prends des coups. Point. Inutile de lui demander la raison puisque tu la connais. Il est devenu chef. Il a un poste. Il a des droits sur toi.

– Tu as raison. J'ai été stupide.

– Ferme-la maintenant. Fais-toi oublier.

C'était peut-être inepte, mais c'était ainsi. Il y avait une hiérarchie, même parmi les sous-hommes réduits en esclavage, et il fallait la respecter. J'avais parfaitement intégré cela et survécu ainsi. Dans les camps, il n'était plus possible pour les juifs de se livrer à leur jeu favori qui est de répondre à une question par une autre question. Au royaume du néant, il fallait obéir à tout ordre, fût-il absurde, quitte ensuite à biaiser, à tricher.

Une nuit, nous fûmes réveillés par les habituels aboiements, prélude à un rassemblement. Tous debout dans la neige et le vent. Un Ukrainien accusa un Juif polonais d'avoir pissé dans une gamelle. L'accusé, qui comprenait le russe, se défendait comme un beau diable.

– C'est pas vrai. Je dormais.

– Si, c'est lui. Je l'ai vu.

L'Ukrainien tendait la preuve malodorante vers le kapo. Ce dernier ne voulut pas en savoir plus.

– C'est du sabotage. C'est abject, dégoûtant. Il n'y a bien qu'un youpin pour faire cela.

Le coupable désigné reçut vingt-cinq coups de bâton dans le bas du dos. Nous dûmes le porter pour qu'il puisse regagner le bloc. Nous nous tassâmes un peu plus pour lui laisser une paillasse sur laquelle il pourrait s'allonger sur le ventre. Pendant cinq nuits, il essaya de trouver le sommeil, mais, ses plaies ne cicatrisant pas, il s'assoupissait et était aussitôt réveillé par la douleur. Du coin de l'œil, il profitait de ses insomnies pour surveiller son accusateur.

Il finit par le surprendre en train de saisir sa gamelle, d'extraire son sexe et de commencer à uriner. Le Juif polonais se glissa hors de sa paillasse et prit le risque d'aller chercher le kapo. Ce dernier, un droit commun, le suivit sans poser de question et tomba sur l'Ukrainien en pleine miction. Cris. Réveil. Rassemblement.

Le kapo doubla la ration. Cinquante coups de matraque avec en prime l'obligation de finir la nuit sur un tabouret, les mains sur la tête. Nous assistâmes sans broncher à la punition. Sans joie, non plus. Le sort de ce salaud ne nous concernait pas. Au matin, il était mort.

Certains SS s'adonnaient à la boisson avec plus d'ardeur encore qu'à l'accoutumée. Ils n'en étaient que plus dangereux. L'un d'eux, lorsqu'il n'était plus qu'une viande soûle, terminait en général sa beuverie dans notre bloc. Il arrivait, titubant et puant l'alcool, et hurlait :

– Debout ! Dehors !

Il tapait à tout va sur les traînards, aidé en cela par le kapo, trop heureux de se distinguer aux yeux de ce seigneur et maître. Nus comme des vers, nous devions nous aligner dans la cour enneigée, mais, comme l'alcool lui brouillait la vue, il n'était jamais content de la qualité de nos rangs, ce qui lui donnait l'occasion de distribuer encore quelques horions.

C'est seulement lorsqu'il s'estimait satisfait de notre alignement qu'il nous assenait un discours, toujours le même d'ailleurs, auquel nous devions répondre par des cris d'approbation.

– Vous n'êtes que de la merde juive !

– Oui ! De la merde !

– Vous êtes plus répugnants que des cochons !

– Oui ! Plus répugnants que des cochons !

– Vous êtes pires que des rats ! Pires que des poux !

– Oui ! Pires que des rats ! Pires que des poux !

– Un insecte a plus le droit de vivre que vous !

– Oui ! Oui !

Et pendant plus d'une demi-heure, nous subîmes les insultes de cet ivrogne nazi. Je ne pouvais m'empêcher de penser alors à mes parents. Comment avions-nous pu en arriver là ? Pourquoi n'avaient-ils pas compris ce qui se tramait dans le monde depuis 1933 ? Stupidement, j'en venais à leur en vouloir de ne pas avoir eu plus d'intelligence politique que les chefs d'État ou de gouvernement des démocraties occidentales.

Je n'ai rien oublié. On ne peut être avili à ce point sans en garder à jamais la trace sur soi. Aujourd'hui, dès qu'un homme est humilié, quelles que soient ses origines, je me sens en fraternité avec lui. Sinon, cela m'aurait servi à quoi de survivre ? Le monde et l'espèce humaine n'ont rien retenu, eux, de ces années-là. On commémore. C'est sans doute nécessaire pour la mémoire collective. Mais ensuite ? Rien ! Des massacres, ici ; des contrôles d'identité au faciès, là ; du fanatisme, ailleurs. J'avance avec mes ombres, mes angoisses. Il m'est impossible de mettre les pieds dans un bain de vapeur. J'aurais l'impression d'étouffer, que l'on va me gazer. Mes petits-enfants m'interrogent. Ils sont d'une génération où l'on ne se contente plus des réponses toutes faites des adultes. Alors, j'écris pour qu'ils sachent et comprennent le brouillard qui, parfois, à certaines dates, noie mon regard.

Nous ne portions plus d'insignes distinctifs. Les juifs se reconnaissaient entre eux grâce au yiddish, mais comment savoir qui était droit commun, politique ? Je me liai dans notre commando de travail avec un vieux qui devait avoir dépassé la trentaine. Nous baragouinions ensemble dans un charabia à base d'allemand. Nous avions pris l'habitude de manger la soupe, assis l'un à côté de l'autre. J'avais fini par comprendre qu'il était catholique, mais les questions religieuses ne le passionnaient pas. Au bout de trois semaines, je lui demandai, sans y attacher beaucoup d'importance :

– *Was ist du ?* (« Qu'est-ce que tu es, toi ? »)

– *Franzose !*

Quoi ! C'était trop bête. Je restai interloqué, la bouche grande ouverte :

– Moi aussi, je suis français !

– Espèce de con ! Tu ne pouvais pas le dire plus tôt !

Nous éclatâmes de rire et tombâmes dans les bras l'un de l'autre. Dire que nous avions passé tout ce temps à essayer de nous comprendre l'un l'autre ! Il avait fallu moins de cinq minutes pour que je me trouve un frère aîné adoptif. Nous devînmes inséparables. Il m'impressionnait par sa carrure. Il avait une cage thoracique incroyable et, malgré sa maigreur, il avait gardé une allure folle. Je crois que je le touchais par ma naïveté. J'étais passé par plus d'épreuves qu'un homme normal en connaît dans toute une existence, mais, physiquement et par bien d'autres côtés, j'étais encore un gamin. Je ne cessais d'ailleurs de l'interroger. Je voulais tout savoir de lui.

– Qu'est-ce que tu faisais avant ?

– Inspecteur à la PJ.

– Flic ! Où ?

– À Paris. À la Criminelle.

– Tu as dû en voir, des affaires ?

– Secret professionnel !

– Et c'est sans doute par secret professionnel que tu es en train de crever ici comme nous tous ?

– Je n'ai pas le sens de la propriété, mais je n'aime pas qu'on mette les pieds chez moi sans y avoir été invité.

– Tu étais dans la Résistance ?

– Oui.

– Où ?

– Secret professionnel !

– Merde ! Garde-le, ton secret professionnel !

Mon nouvel ami était un épicurien. Aussi gourmet que libertin, il emmenait ses conquêtes dîner dans les meilleurs restaurants avant de les consommer sur canapé. Il me racontait ses repas en prenant le temps de me détailler chaque plat, chaque vin. Je salivais en l'écoutant, retenant mon souffle lorsqu'il marquait une hésitation. Mon estomac, parfois, se contractait devant tant d'abondance.

Mon trouble atteignait son paroxysme lorsqu'il me narrait par le menu ses préliminaires amoureux. Je découvrais l'érotisme et je me disais que jamais, sans doute, je ne goûterais cette ivresse. Il me réapprenait à rêver. Plats succulents, bas qui glissent le long du galbe d'une jambe, lumières tamisées à l'ombre desquelles les corps s'inventent une autre dimension.

J'étais si bon public que je ne le laissais jamais tranquille.

– Raconte-moi encore le souper aux Halles avec la comtesse.

– On a commencé par des huîtres. Elles étaient un peu grasses, mais d'une parfaite fraîcheur. La comtesse avait abandonné ses chaussures sous la table et commençait fort bien les travaux d'approche en me caressant avec ses doigts de pied. Quelle femme ! Ensuite, nous avons attaqué les soles meunières.

– Tu as oublié les belons !

– Ignare ! Ils étaient sur le plateau de fruits de mer.

– Comment vous les avez mangés ?

– Je t'ai déjà dit ça cent fois.

Et il riait de ma curiosité jamais satisfaite chaque fois que je le prenais en défaut d'omission ou de contradiction dans une de ces histoires. C'était important car, au moment où il parlait, c'est moi qui me trouvais à table ou au lit. Quelle vie j'ai menée, grâce à lui, par procuration !

Les problèmes de religion ou de nationalité le laissaient complètement indifférent. Il prenait les hommes tels qu'ils étaient sans se soucier de leurs origines. Les bons, les salauds. Les intelligents, les cons. C'était un républicain à l'ancienne.

Pour la première fois, un adulte m'honorait de son amitié. Il m'écoutait sans jamais m'interrompre, tout au plus ponctuait-il d'une tape dans le dos mes infantilismes. Nous ne nous quittions plus, et avions même réussi à nous retrouver dans le même bloc. Il avait compris combien je souffrais de la disparition des miens. L'amitié, c'est aussi se comprendre sans se parler. Je n'oublierai jamais la qualité de nos silences, cette manière que nous avions de marcher côte à côte ou de rêvasser en regardant un ciel libéré des miradors qui nous cernaient.

Mon ami me paraissait indestructible. Un bloc. Pourtant, un matin, alors que nous devions nous lever pour partir travailler, il ne bougea pas et me regarda étrangement.

– Dépêche-toi.

– Non. Je ne bouge pas.

– Fais pas le con !

– J'ai pas envie de sortir.

Sur ce, il commença à jouer, en les lançant en l'air, avec les morceaux de tissu qui nous tenaient lieu de chaussettes.

– Arrête. Ils vont te faire la peau si tu ne te lèves pas.

Comme il ne réagissait toujours pas, je l'assis sur la paillasse et commençai à l'habiller. Il se laissa faire comme un enfant boudeur. Ni l'un ni l'autre n'éprouvâmes la moindre gêne pendant que je lui passais chaussettes, vareuse, chaussures. Je le pris par le bras et le conduisis dans les rangs. Nous commençâmes à marcher sans que personne apparemment remarque que je le tenais et le tirais. Soudain, je sentis son corps se raidir, et il me fut impossible de bouger cette masse :

– Viens !

– Non ! C'est fini !

– Ne dis pas de connerie.

– J'en ai marre. Je rentre à la maison.

– Ça va pas ! Ressaisis-toi.

– T'as rien compris. Je rentre chez moi retrouver ma femme et mes gosses.

Je ne pus le retenir. Il sortit des rangs. Les SS pointèrent leurs armes sur lui.

– Il est fou ! Il est cinglé !

Je hurlai en allemand. Les SS haussèrent les épaules :

– Remets-le dans les rangs et qu'il n'en bouge plus. Sinon...

Je le traînai tandis qu'il commençait à m'insulter :

– Dis donc, espèce de petit salaud, tu travailles pour les Boches maintenant. T'es un enfoiré comme tous les autres. Tu restais avec moi pour mieux me surveiller. Collabo ! Ordure !

Son vocabulaire était aussi imagé que varié. Tout y passa. Je fis la sourde oreille. Tout s'arrangerait lorsqu'il aurait recouvré ses esprits. Nous arrivâmes enfin sur le chantier et il prit une pioche sans rien dire. Je restai près de lui pour éviter tout incident. Il fallait creuser pour rien ou du moins faire semblant, car les Allemands nous surveillaient vaguement. Ils ne croyaient plus beaucoup au devenir radieux du Reich, et cela se sentait dans leur attitude. Néanmoins, il fallait prendre garde de ne pas réveiller la bête nazie qui sommeillait en eux.

L'ami ne fit guère d'efforts. Quelques coups de pioche qui effleurèrent à peine la caillasse, et il baissa les bras.

– Je ne peux pas. Je n'y arrive plus.

– Fais au moins semblant.

– Pourquoi ?

Il jeta la pioche sans que j'aie le temps de réagir, et se précipita sur le kapo le plus proche.

– C'est impossible ! C'est trop dur pour creuser.

Le kapo, costaud et bien nourri, alla ramasser la pioche et n'eut aucune peine à l'enfoncer dans le sol.

– Essaie !

Mon ami regarda le kapo, souleva avec difficulté la pioche, puis la laissa retomber.

– Je peux plus.

– Ah ! Tu peux pas.

– Non. Je suis trop fatigué.

– Fatigué ! Je vais te faire danser, moi.

Il le matraqua jusqu'à ce qu'il tombe à terre, ce qui ne tarda pas, et l'acheva à coups de pioche sur la tête. Pas un cri, pas même un gémissement. Il décéda d'être déjà mort dans sa tête. Je ramenai son corps sur mon dos avec l'aide d'un copain. Il me sembla plus léger que je ne l'aurais cru, comme si les mois de déportation avaient creusé son corps de l'intérieur.

Je me retrouvais seul à nouveau. Si maigre et si lourd de tristesse à la fois. Je venais de perdre un parent dont j'ignorais le nom. Aujourd'hui, je suis incapable de me rappeler son prénom, mais son visage, sa voix et ses histoires m'habitent. Je n'avais personne désormais à qui me confier ou sur l'épaule de qui pleurer. Je ravalais tout. « Ne me secouez pas, je suis plein de larmes », a écrit Henri Calet.

Bien des années après, j'accompagnai mon fils à la préfecture de police où devait lui être délivré son permis de conduire. Une cérémonie à la mémoire des policiers morts pour la France avait lieu. Je m'appuyai contre un mur et regardai les jeunes policiers constituant la garde d'honneur. Ils semblaient s'ennuyer ferme. Tout cela ne les concernait pas. Le visage de mon ami s'interposa soudain entre moi et la cérémonie. Et le film de notre amitié défila dans ma tête.

Je ne connais que trop le rôle d'auxiliaire des nazis de la police de Vichy, celle de Bousquet et de Leguay, lors des rafles de juifs, mais il y eut néanmoins quelques justes qui payèrent de leur vie leur refus de l'infamie. Mon ami fut l'un de ceux-là.

Deuil ou pas, les jours à Flossenburg se succédaient sans que rien vienne troubler l'ordonnancement de l'oppression. Seule différence, mais d'importance, les kapos nous fichaient de plus en plus la paix, comme s'ils sentaient que, eux aussi, ils étaient en sursis.

Ce ne fut pas une vraie sélection, comme j'en avais tant connu, mais cela y ressemblait. Des milliers de personnes triées. Les unes à gauche, les autres à droite. Je ne me sentais pas concerné. La vie, la mort. Pile ou face. J'étais un pion du jeu, rien de plus. Finalement, six cents déportés furent sélectionnés. Nous étions tous plutôt jeunes et à peu près valides.

Les nazis nous installèrent dans des blocs impeccables. Le luxe ! La nourriture devint un peu plus copieuse et nous fûmes dispensés d'aller travailler. On nous faisait récupérer. Dans quel but ? La chaleur aidant, je sentais mon corps retrouver de la vivacité. Cet entracte dans l'horreur dura environ trois semaines. Je serais volontiers resté longtemps ainsi dans cette sorte de climat de convalescence. Je me faisais du cinéma, car nous étions toujours dans un camp de concentration, à la merci de nos bourreaux.

L'entracte s'acheva par une douche, la distribution de vêtements et de chaussures en bon état. Nous prîmes la route pour la gare. Un train nous y attendait. Un de plus. Cette fois-ci, les wagons à bestiaux étaient fermés. Les gens ne pourraient ni nous voir ni nous jeter de la nourriture. Nous étions une trentaine par wagon et pouvions nous allonger ou nous asseoir. Un kapo et deux SS nous tenaient compagnie sans éprouver la nécessité de nous hurler dessus.

Nous ne savions pas où nous allions, et nous nous

laissions bercer par le bruit des roues. Les déportés s'étaient regroupés par affinité. Il y avait des Belges, des Français, des Hollandais. Que sais-je encore ? Un peu comme dans un salon, chacun entreprit de se raconter. La plupart étaient des résistants ou, à tout le moins, des opposants à l'hitlérisme. Je me sentais en confiance et, quand vint mon tour, je ne dissimulai rien de l'histoire des miens. Tout en parlant, je réalisai que j'étais le seul juif du wagon. Quelle importance ! N'étions-nous pas tous des déportés ?

Je pris vite conscience que mes propos avaient jeté un froid parmi les francophones. Quelle bêtise ! Nous ne portions plus aucun signe distinctif. Quel besoin avais-je eu de mettre en avant que j'étais juif, et déporté en tant que tel ? Il m'aurait été facile, à moi aussi, de me construire un passé de héros, au lieu de me présenter comme une simple victime.

Dans la nuit, je surpris une conversation entre les SS et le kapo.

– La guerre est perdue.

– Et les nouvelles armes... Les fusées...

– Trop tard ! Hitler est foutu. Nous aussi.

Enfin ! Je le sentais depuis des semaines. Je m'assis. L'espoir renaissait en moi. Pas très fort. Un souffle. Mais suffisant pour me mettre du baume au cœur. Au bout de deux jours et deux nuits, on nous fit descendre. Et, là, le kapo dit une énormité, un mot que nous n'avions plus entendu depuis si longtemps :

– Messieurs !

Ainsi, nous n'étions plus des sous-hommes, de la raclure d'humanité, des bagnards. « Messieurs », le mot sonnait comme l'annonce de notre prochaine liberté. Le kapo nous tint ensuite un discours empreint d'une grande courtoisie. Quelle métamorphose ! Plus de doute ! L'Allemagne nazie avait perdu la guerre !

Nous marchâmes quelques heures sans être bousculés avant d'arriver devant une caserne de l'armée allemande. Des soldats de la Wehrmacht et des SS allaient et venaient, les traits tirés. Le front ne devait plus être très loin. Nos libérateurs seraient bientôt là. J'en avais la conviction. Il me fallait tenir. Encore un effort. Quelques jours, au pis des semaines. J'avais retrouvé ma rage à survivre afin de tenir la promesse faite à mon père.

DANS L'ALLEMAGNE EN DÉROUTE

La caserne était immense, mais elle n'avait pas gardé grand-chose du fameux ordre prussien. On nous laissa nous installer où nous le voulions. Par automatisme et pour me sentir moins isolé, j'allai vers ceux des déportés qui s'exprimaient en français. Je ne voulais surtout pas me retrouver avec des Russes, des Ukrainiens ou des Polonais tous prêts à prendre la relève de l'antisémitisme nazi.

Je m'installai près d'un Belge bien plus âgé que moi, mais, au moment où je m'allongeais avec ma couverture, il grogna :

– C'est pris.

Je m'éloignai. Tous ces gens-là étaient dans le même wagon que moi quelques heures plus tôt, mais, chaque fois que j'approchais de l'un d'entre eux, je suscitais la même réaction :

– Pas ici !

– Pourquoi ?

– Tu ne vois pas que c'est pris.

Il n'y avait personne à voir. Je ne comprenais rien à ce rejet systématique. Je ne sentais pas plus mauvais qu'eux et ne portais les traces d'aucune maladie contagieuse. Je commençais à fatiguer. Soudain, j'aperçus une paillasse sur un lit en bois. Les imbéciles ! Ils avaient laissé inoccupée la meilleure. Je me couchai avec délectation, et glissai progressivement dans un demi-sommeil.

Un coup de matraque sur la tête et quelques coups de pied me sortirent de ma léthargie :

– Où tu te crois ! Debout ! Chien !

J'étais sur le lit réservé au kapo. Quelques déportés ricanaient. Je repris ma quête d'une couche, mais à nouveau j'eus droit au chœur des « C'est pris ! Dégage ! ».

Ivre de fatigue, je m'allongeai, à terre, sur ma couverture. Je ne pigeais rien à l'ambiance qui régnait dans ce bloc. Qu'avais-je bien pu faire ? Je finis tout de même par m'assoupir. Au petit matin, on nous annonça que, désormais, nous étions considérés comme des auxiliaires de la Wehrmacht. Quelle promotion ! Quel honneur !

Cela nous donnait le privilège d'effectuer des travaux forcés près des lignes du front. Nous devions colmater les trous occasionnés par les bombes et remettre en état les rails de chemin de fer, et cela chaque fois que les bombardements alliés les endommageaient. C'est peu dire que nous étions aux premières loges pour entendre siffler les obus et, à l'occasion, les prendre sur la tête. Parfois, des avions piquaient et lâchaient leurs bombes.

Je me retrouvai à travailler à côté d'un paysan français. Il mettait de l'ardeur à la tâche tandis que je musardais avec ma pelle. J'avais remarqué qu'il m'observait du coin de l'œil, mais je n'y attachais aucune importance. Il s'interrompit soudain de creuser et beugla :

– Tu tiens ta pelle comme un manche ! Ça m'étonne pas qu'on n'avance pas.

– Qu'est-ce que ça peut te foutre ! Tu es payé au rendement par les Boches ?

– Je te dis que c'est pas comme ça qu'on tient une pelle !

– Et alors ! Occupe-toi de tes oignons !

Mon accent de titi parisien ne dut pas lui plaire, car il laissa tomber sa pelle et s'en alla trouver le kapo qui nous avait donné du « Messieurs ». Il parlait allemand avec un épouvantable accent du terroir français, mais je compris tout de même ce qu'il disait :

– Lui, là-bas, il ne travaille pas bien.

Le kapo avait l'air ennuyé. Il fit un pas vers moi, se ravisa, s'arrêta net, et beugla :

– Vite ! Fais ton boulot comme les autres !

Le paysan avait l'air estomaqué. Quoi ! Même pas un coup de matraque. Comme le kapo s'éloignait, il lui cria :

– Ce n'est pas un Français. C'est un juif !

Le kapo se retourna, les yeux injectés de sang, et, tandis que mon compatriote souriait aux anges, il me corrigea en gueulant :

– Juif de merde ! Juif de merde !

Il fut sur mon dos tout le reste de la journée. Je sentais à nouveau mes forces m'abandonner. Je ne tiendrais jamais deux jours à un tel rythme. De retour à la caserne, je m'assis et essayai tant bien que mal de mettre mes idées au clair.

Pauvre con ! J'avais cru malin de me mettre avec des francophones pour pouvoir aisément parler avec eux, et rêver du premier café crème que nous prendrions de retour chez nous. En plus, c'étaient ceux-là même à qui j'avais raconté mon histoire. Il savait que j'étais juif. Ainsi, ils n'avaient rien compris, rien appris. La déportation, les souffrances qu'ils avaient endurées, les compagnons morts à leurs côtés, le fait d'avoir vu combien des hommes pouvaient rabaisser, humilier, torturer d'autres hommes. Tout cela avait comme glissé sur eux et n'avait en rien altéré leur antisémitisme viscéral. À quoi bon survivre, si c'était pour retrouver leurs semblables ?

Mais non ! Je ne leur ferais pas ce cadeau. Ma peau, ou ce qu'il en restait, il faudrait me l'arracher lambeau par lambeau. Je décidai de les abandonner à leur sort et d'aller coucher à l'autre bout de la caserne afin de me glisser dans un autre groupe de travail. En théorie, vu les comptages et recomptages, je n'avais aucune chance. Perdu pour perdu, au moins j'aurais essayé !

Au moment de l'appel, je pris place parmi des Russes et des Polonais. Personne ne fit attention à moi. Les SS entreprirent de nous compter : quarante-neuf d'un côté, cinquante et un de l'autre. Les SS commencèrent à s'agiter dans tous les sens. Ils eurent beau recompter, le résultat fut le même. L'un d'entre eux nous apostropha :

– Il y a un homme de trop parmi vous. Qu'il sorte des rangs immédiatement.

Personne ne broncha. Je sentis une mauvais transpiration couler dans mon cou.

– Alors ! Vous vous décidez à exclure l'intrus ?

Mon cœur battait la chamade. J'étais persuadé que cet appel à la délation ne resterait pas sans réponse. Rien ! Pas un ne parla.

Les SS s'énervaient et discutaient entre eux. Cette affaire n'avait que trop traîné. Après tout, nous étions moins que rien à leurs yeux. Pourquoi auraient-ils perdu davantage de temps ? Un SS finit par trancher dans le vif.

– Après tout, nous avons notre compte. On va en prendre un au hasard et tout rentrera dans l'ordre. On verra bien ce que dira l'heureux élu !

Les SS saisirent un Russe au premier rang, et l'emmenèrent vers le groupe comprenant quarante-neuf déportés. L'homme se laissa faire sans rien dire, indifférent à son sort. Tous ses camarades demeurèrent impassibles. Pourtant, tous savaient qui était de trop dans leur groupe. Peut-être estimèrent-ils que je devais avoir de bonnes raisons pour agir ainsi. Pas un, plus tard, ne me posa la moindre question. Je m'intégrai à ce commando et oubliai mes compatriotes. J'avais réussi, une fois de plus, à tenir à distance la mort, à sauver ma vie, mais tout n'avait tenu qu'au refus d'une poignée de Russes et de Polonais à la nuque raide de collaborer avec les SS.

Le front se rapprochait chaque jour davantage. Bombardements, pilonnages des positions allemandes, rien ne pourrait plus arrêter le rouleau compresseur des troupes alliées. Nous devions, pour rejoindre nos postes de travail, longer les trains en stationnement. Les balles sifflaient à nos oreilles, et cela ne m'était pas désagréable car la peur défigurait les visages des soldats qui nous escortaient. Le plus souvent, d'ailleurs, ils se réfugiaient dans des abris en béton armé pendant que nous donnions de la pelle et de la pioche. Seules leurs mitraillettes braquées sur nous étaient encore visibles. La peur avait changé de camp, car nous ne craignions plus la mort. Nous l'avions apprivoisée. Elle nous habitait.

Nous avions seulement l'autorisation de nous allonger lors des attaques aériennes. J'étais devenu un spectateur assidu des duels dans le ciel, et je tapais de joie le sol avec le plat de la main dès qu'un chasseur allemand était descendu. Un de moins ! Pour un peu, je me serais cru au cinéma ou au théâtre. Les balles, même amies, ne choisissaient pas leurs cibles. Elles frappaient au hasard. Plusieurs déportés moururent ainsi. Je voyais des balles tracer une ligne dans la poussière, traverser un corps qui se soulevait une dernière fois avant de retomber. Tout cela me laissait indifférent. Toute sensibilité était annihilée en moi.

Dès l'alarme achevée, nous reprenions nos outils.

J'avais du mal à suivre quand il fallait porter un rail. Russes et Polonais, moins affaiblis, m'apparaissaient comme des forces de la nature, des bêtes de foire. Alors, je feignais l'effort, tout en grimaçant de douleur. Mes compagnons n'étaient pas dupes et persiflaient :

– Cochons de Français ! Tous les mêmes ! Ils ne savent faire des efforts qu'au lit avec leurs poules. Mais, pour le boulot, zéro.

Cela n'alla pas plus loin, et ils ne me dénoncèrent jamais à nos gardes. S'ils voulaient me régler un jour mon compte, cela se passerait sans témoins, entre nous. Ils n'en firent rien, sans doute parce que, à leurs yeux, il n'y a jamais rien à tirer d'un Français.

En rentrant, nous avions droit à une soupe. Encore fallait-il trouver une file d'attente. Un soir, je tombai sur une distribution d'assiettes en porcelaine, ce qui ne signifiait pas que l'ordinaire serait amélioré mais, enfin, cela faisait longtemps que je n'avais pas eu dans mes mains un couvert qui en fût vraiment un.

Je rêvassais dans la queue lorsqu'il y eut une bousculade au cours de laquelle le gars devant moi laissa tomber son assiette. Hurlements du kapo :

– Qui a cassé l'assiette ?

– C'est pas moi ! On m'a poussé !

Le « on » en l'occurrence ne pouvait être que moi ! Le kapo se planta devant moi avec un air que je ne connaissais que trop :

– Pourquoi tu l'as poussé ? Pour foutre en l'air une assiette ?

– Ce n'est pas moi. Je ne l'ai pas touché !

Le déporté à l'assiette brisée me regardait d'un air navré. Il n'avait pas voulu me dénoncer, seulement s'épargner une correction. Le kapo tapotait son pantalon avec un nerf de bœuf. Il m'en administra un coup sur la tête.

– Cela va te rafraîchir la mémoire !
– Non ! Ce n'est pas moi.
– Mais si ! Tiens !
Un deuxième puis un troisième coup arrivèrent sur mon crâne. J'entendais des roulements de tambour et essayais vainement de me protéger avec les bras. Mes dénégations ne faisaient que l'exciter encore plus. Le son de ma voix, mes cris et gémissements agissaient sur lui comme un dopant :
– Avoue ! Dis que c'est toi ou je te crève !
– Non ! Assez !
Et il continua de plus belle. Je ne sais alors ce qui se passa en moi. L'instinct de survie, peut-être. Une voix intérieure me souffla de crier en allemand :
– Oui ! C'est moi ! Excusez-moi ! Pardon !
– Ah ! Tu avoues quand même.
– Oui ! J'avoue !
J'étais prêt à avouer tout ce qu'il voulait, pourvu qu'il arrête de me taper. Il me gratifia encore de deux ou trois coups pour le principe, puis il se calma, fier de l'expression musclée de son autorité. J'étais sonné et ne songeais plus à manger. Des déportés me ramenèrent dans un coin. Le garçon, responsable malgré lui de mes malheurs, ne savait que faire ou dire :
– Ce n'est pas ma faute.
– Je sais.
– Je ne t'ai pas accusé.
– Oui.
– Qu'est-ce que je peux faire ?
– Rien. Casse-toi.
Dans la nuit, couché à terre, je faisais des bonds de cinquante centimètres. Rien ne pouvait me calmer. Je délirais et souffrais à la fois. Comment ai-je pu survivre à tout cela ? Je ne le comprendrai jamais ! Des déportés cherchaient à me parler, d'autres me tendaient un mor-

ceau de pain, mais je les écartais en faisant des moulinets avec mes bras. J'étais possédé par la douleur. Après une pareille dérouillée, il faudrait aujourd'hui plusieurs semaines à un athlète pour s'en remettre, et je n'étais plus qu'un squelette hanté par un souffle de vie. Mais, là, tout au fond de moi, une voix qui avait peut-être les intonations de celle de mon père me disait : « Tiens le coup. C'est bientôt la fin. »

Les nazis ne respectaient pas les conventions de Genève sur les prisonniers de guerre à l'égard des Soviétiques. Ils considéraient ces derniers comme des partisans communistes. Leur sort n'était guère plus enviable que le nôtre. J'avais remarqué que deux officiers de l'Armée rouge ne cessaient de m'observer dans notre commando de travail. Comme la curiosité n'était pas de mise dans l'univers de la déportation, je me demandais pourquoi je les intriguais à ce point.

J'étais très impressionné par l'attitude des Russes dans la caserne. Des rocs. La plupart des tentatives d'évasion étaient de leur fait. À l'entrée du camp, des potences indiquaient ce qui attendait ceux qui cherchaient à se faire la belle. Vu l'état des corps martyrisés et estropiés, on pouvait se demander s'ils avaient été pendus vivants ou morts. Une pancarte annonçait le programme : « Voilà ce qui attend ceux qui cherchent à s'évader. » Nos bourreaux feignaient d'ignorer que pour beaucoup d'entre nous la mort représentait une libération anticipée.

Les deux officiers soviétiques, des gaillards d'une trentaine d'années, finirent par venir vers moi lors d'une pause, et entreprirent de me parler dans un charabia russo-polonais-allemand :

– Tu es français ?

– Oui !

– On va te confier quelque chose, mais, si tu parles de cela, tu es un homme mort.

– Ne me dites rien ! Je ne veux rien savoir !

– Si ! Si ! Ça fait du bien de parler.

– Parler entre vous !

– Non ! À toi !

– De quoi il s'agit ?

L'un d'eux sortit de sa poche un morceau de papier sur lequel était dessinée sommairement une carte du front. J'étais estomaqué. Comment avaient-ils pu faire ce plan sans renseignements militaires, sans boussole ? Ils m'expliquèrent qu'ils avaient trouvé un passage. Je ne comprenais toujours pas le pourquoi de leurs confidences.

– C'est bien ! Mais en quoi cela me concerne-t-il ? Où est votre problème ?

Ils me regardèrent d'un air peiné.

– Tu devrais comprendre ?

– Mais comprendre quoi, à la fin ? Je ne suis pas expert en évasion.

– Écoute ! le Français. On ne veut pas tomber entre les mains des armées capitalistes.

– Quels capitalistes ?

– Les Américains, les Anglais, même vous les Français.

– De quoi avez-vous peur ? Ce sont vos alliés.

– Ce sont des capitalistes. Ils risquent d'être pires avec nous que les Allemands.

Je restai bouche bée devant ces victimes de la propagande stalinienne. Leur passage par les camps nazis ne les avait pas guéris des lavages de cerveau qu'ils avaient subis depuis leur enfance au paradis de l'homme nouveau. Le Petit Père des peuples veillait encore sur eux. Il ne m'aurait servi à rien d'engager une discussion idéologique avec eux. Ils m'étaient sympathiques, mais leur histoire ne me concernait pas. Après tout, ils ne m'avaient pas demandé de me joindre à eux. Ils avaient seulement envie de parler à une victime du capitalisme.

– Je vous souhaite bonne chance. Si vous réussissez à passer les lignes alliées, vous serez des héros de l'Armée rouge.

– On te fait confiance. Nous partons ce soir.

Ils m'embrassèrent à la russe, m'étouffant de tendresse, et s'éloignèrent en souriant. Le lendemain matin, ils n'étaient plus là. Je ne pus m'empêcher d'aller à l'entrée de la caserne et fus soulagé de ne pas les trouver au bout d'une corde. Ils avaient échappé à l'enfer nazi et à celui des capitalistes !

À la manière de ces boxeurs qui ont déjà fait quelques combats de trop, j'étais devenu presque insensible aux coups, du moins je le croyais. Je fus ainsi poussé dans un escalier par un SS qui trouvait que je n'avançais pas assez vite. J'étais si léger que sa bourrade m'envoya valser en bas des marches en béton. Je sentis ma colonne vertébrale se rétracter. Des déportés couraient autour de moi, mais je me sentais incapable de bouger.

Je fixais un mur. C'était fini. J'attendais le coup de grâce. Je sentis une présence au-dessus de moi. Je levai les yeux. C'était un SS. Il se baissa, me prit par les oreilles et me souleva. J'en oubliai mon dos. Un coup de pied au cul acheva de me redresser, et je me retrouvai une pelle dans les mains auprès de mes camarades. Il y a un moment, comme l'ont rapporté des rescapés de tortures, où la douleur anesthésie la douleur.

Une nuit, ce fut à nouveau le grand chambardement. Le ciel était embrasé. Un feu d'artifice de bombes et de mitraille. L'armée allemande se repliait, et nous emmenait dans ses fourgons. La débâcle des nazis avait quelque chose d'inouï. Un pays et un système politique s'effondraient, mais certains éléments tenaient à agir comme si de rien n'était. Aucune comparaison avec la France de mai-juin 1940.

Je me retrouvai avec quelques déportés dans un wagon de voyageurs. Un train fou, reculant et avançant en fonction des ordres et contrordres, dans lequel flottait une odeur rêche de tabac. Soldats et déportés étaient mêlés. Personne ne soufflait mot, rivé à sa peur, ses souvenirs, ses espoirs aussi.

J'étais tellement exténué que je finis par m'allonger en dessous d'une banquette en cuir. J'aurais fort bien pu rester assis, ce qui n'aurait pas été moins inconfortable, mais non, j'avais décidé de me glisser parmi les papiers et les mégots. Malgré ma minceur, je me sentais à l'étroit, oppressé. Je glissai mes chaussures sous ma tête pour avoir au moins l'illusion de mieux respirer.

Je somnolais lorsqu'il y eut un bruit infernal. Des avions alliés mitraillaient et bombardaient le train. Pourquoi l'auraient-ils épargné ? C'était un transport de troupes comme un autre. Toutes les banquettes furent déchiquetées, dont celle sur laquelle j'étais resté si longtemps prostré.

Je mis quelques minutes à réaliser. Une bouillie de chairs, de bois et de cuir m'entourait. Déportés et soldats allemands avaient subi, partagé, un sort identique. Le sang mêlé des victimes, dans lequel les survivants pataugeaient, témoignait de l'impartialité des balles.

Le train stoppa en pleine campagne. Des déportés jaillirent des wagons et se mirent à courir dans tous les sens. C'est alors que des avions réapparurent dans le ciel, ajoutant à l'angoisse des fuyards. Ils piquèrent, mitraillèrent, remontèrent à toute vitesse, et se perdirent au loin. Les pilotes avaient-ils distingué les pyjamas rayés des passagers du train ? Si cela était, quelle dérision ! Être saufs grâce à la tenue qui faisait de nous tous des morts-vivants !

Les SS reprirent leurs esprits, c'est-à-dire leur folie ordinaire, et nous obligèrent à nous mettre en rang pour une inspection. Les kapos se mirent aussi de la partie. Tous avaient retrouvé le sens du hurlement. Le commandant SS, ivre mort, avançait en titubant, ce qui n'ajoutait en rien une once d'humanité à sa personne. Son regard brouillé semblait chercher quelqu'un sur qui passer ses instincts de bête fauve.

Il s'arrêta devant un officier soviétique qui était juste devant moi, l'observa un instant, et maugréa :

– T'es russe, toi ?

L'officier avança de deux pas, salua à la soviétique et, fixant le SS dans les yeux, déclina ses grade et identité. Il se tenait droit comme un I. Je ne voyais que son dos, mais devinais la fierté, l'insolence qui émanaient de cet homme. L'officier SS, d'ailleurs, perçut bien cela du fin fond de son ivrognerie. Cela le mit en rage. Il écumait :

– Charognes de Russes ! Bolcheviks de merde ! C'est à cause de vous si on a perdu la guerre.

Il dégaina son luger, et le pointa vers sa cible du mieux qu'il le pouvait. Il tenait à peine sur ses jambes. J'étais tétanisé. Si ce salaud vidait son barillet, j'écoperais à coup sûr d'une balle. Ses hommes le calmèrent :

– Laissez tomber, commandant. On va s'occuper de lui.

Ils n'attendirent pas qu'il réponde. Ils s'emparèrent du Russe et allèrent le rosser quelques mètres plus loin. L'officier, quant à lui, continuait à beugler :

– Saletés de Russes ! C'est à cause...

Nous remontâmes tous dans le train, jetâmes les cadavres, tandis que les SS libéraient les blessés de leurs souffrances. Le train repartit comme s'il y avait une destination possible dans cette Allemagne qui se décomposait chaque jour davantage. Nous finîmes par arriver dans une sorte de camp, du moins ce qu'il en restait.

Quel que soit le désordre ambiant, l'ordre nazi avait maintenu certaines traditions. Nous eûmes ainsi droit à une séance de désinfection. Nos frusques furent jetées dans des cuves, et nous attendions, nus, de les récupérer. Je me voyais à travers les autres. Os saillants sous la peau, teint grisâtre, regard mangeant le visage. De telles visions ont envahi, aujourd'hui, les écrans de télévision au rythme des famines, des guerres civiles. La barbarie a été banalisée, ravalée au rang d'un produit de consommation.

Nos hardes nous furent restituées encore trempées et tiédasses. Tous les déportés se rhabillèrent en hâte, sauf moi qui restais à poil, les bras ballants. Plus de fringues ! Le kapo n'en avait rien à faire. Il voulait que je rejoigne les autres.

– Je peux pas sortir comme ça !

– Dehors !

– Je veux mes vêtements ! Je peux pas m'en aller...

Son poing m'épargna d'achever ma phrase. Je vis trente-six chandelles car il avait visé la tête. J'avais la bouche en sang. Je perdis toute prudence et hurlai :

– Toi, je te retrouverai et je t'aurai.

J'avais crié en français. Son incompréhension me sauva d'une dérouillée ou de pire. Finalement, je récupérai de quoi m'habiller et je rejoignis mon groupe.

Nous reprîmes notre exode en train. Les SS demandaient à chaque gare des renseignements sur les combats. Partout, désormais, les réponses étaient : « Qu'est-ce que vous faites ? Tout est terminé ! Hitler est fini ! »

Les SS écoutaient, incrédules, mais rien n'entamait

leur volonté de continuer à errer dans leur Reich en ruine. Les civils allemands, que nous pouvions voir par les fenêtres ouvertes, avaient tous l'air paniqué. Un monde s'effondrait. Le leur. Celui qu'ils avaient cru, à la suite de leurs dirigeants, pouvoir construire sur les cadavres de millions d'hommes, de femmes et d'enfants. Je ne me suis jamais beaucoup interrogé sur la notion de responsabilité collective du peuple allemand. C'est l'Homme lui-même qui a failli durant la Seconde Guerre mondiale et révélé la bête humaine. Tout ce que j'ai vu et entendu depuis n'a fait que me conforter dans cette opinion.

Nous arrivâmes dans une gare ornée de drapeaux blancs. Des SS descendirent et partirent à la recherche du chef de gare. Ce dernier, un peu paniqué, leur avoua l'inconcevable :

– Hitler s'est suicidé, Goebbels aussi. Les autorités militaires de la ville ont capitulé.

– Ce sont des traîtres. Nous ne nous rendrons jamais. Notre locomotive est à bout de souffle. Trouve-nous-en une autre !

– C'est impossible ! Je n'en ai pas.

Les SS étaient comme fous. Quel jour étions-nous ? Plus rien n'avait de sens. Nous étions prisonniers de chiens enragés qui ne reconnaissaient plus aucune autorité, pas même celle de l'amiral Dönitz, le successeur désigné du Führer. Ils étaient décidés à se battre jusqu'au dernier, et à nous entraîner avec eux dans la mort.

Nous partîmes à travers bois. Nos gardes, armés jusqu'aux dents, n'avaient pas l'intention de nous lâcher. Pourtant, nous entravions leur fuite. Nous croisâmes des déportés et des prisonniers qui erraient, libres, à la recherche des avant-gardes alliées. Nos SS les capturèrent et ils vinrent grossir notre horde de quelque six cents otages. Nos nouveaux compagnons n'en revenaient pas de leur mésaventure :

– Bon Dieu ! Qu'est-ce qu'on a foutu pour tomber sur vous !

– Vous vous êtes échappés ?

– Des clous ! Ce sont des Allemands qui nous ont libérés. Et d'autres nous reprennent. C'est de la folie.

Oui, tout n'était plus que démence dans cette Allemagne décomposée. Tous les civils que nous rencontrions n'avaient qu'un mot à la bouche, « capitulation », ce qui mettait en rage nos gardiens. Ces derniers voulaient-ils se servir de nous comme boucliers ? Comme monnaie d'échange ? Comment savoir ! C'étaient des déments qu'excitaient les ruines et les combats.

Des bois. Des plaines aux récoltes brûlées. Nous marchions, hallucinés de fatigue. Nous nous dirigeâmes vers un petit village. Les SS investirent la gare dont le chef eut le malheur de dire :

– C'est fini. On a capitulé !

Un SS le plaqua contre un mur et lui promena le canon de sa mitraillette le long de la bouche afin de lui passer l'envie de dire des inepties. Plus rien ne fonctionnait. Les SS réquisitionnèrent un train et nous enfermèrent dans les wagons. Nous les entendions parler au-dehors tandis qu'ils montaient la garde. Il faisait chaud et ça puait le tabac froid. Qu'allaient-ils faire de nous ? Ils pouvaient fort bien nous fusiller avant de s'égailler dans la nature. Quelques centaines de morts de plus ou de moins ne pèseraient pas bien lourd. C'était la fin du Reich qui devait durer mille ans, mais ce serait peut-être la nôtre aussi.

Je m'endormis, abruti de fatigue. Je fus réveillé par des cris. J'ouvris une fenêtre. Un petit Juif polonais courait le long du train en hurlant, entre deux éclats de rire :

– Sortez de là, bande de cons ! Il n'y a plus personne. Les SS se sont tirés. Qu'est-ce que vous foutez ?

Nous descendîmes du train un par un. Apeurés. Il n'y avait aucune ivresse en nous. Tout était trop irréel. Nous étions hébétés, incapables de nous prendre en charge, de décider quoi que ce soit. Ce fut la faim qui nous permit d'émerger de notre apathie. Nous mîmes la main sur les cantines des SS et nous nous partageâmes la nourriture. Vu notre nombre, cela ne fit pas grand-chose par déporté, mais, pour nous, c'était déjà beaucoup. Nous étions habitués au presque rien, aux miettes, aux déchets.

Les discussions allaient bon train. Fallait-il rester groupés en attendant les armées alliées au risque d'être massacrés par des bandes de SS à la dérive ou nous disperser par petits groupes ? La seconde solution avait mes faveurs. Je décidai de tenter ma chance avec un Juif français d'origine roumaine. Un troisième déporté se joignit à nous. Je ne me souviens ni de son nom, ni de sa nationalité, ni même de son visage. Il fut un instant du chaos de mon existence d'alors.

Nous espérions trouver des vêtements civils, mais en attendant nous décidâmes de marcher dans la campagne à la recherche d'une ville. En fait de cité, nous échouâmes dans une caserne déserte. Elle avait dû être abandonnée dans la panique car les soldats avaient laissé leurs armes. Nous en ramassâmes chacun une et convînmes que nous monterions la garde à tour de rôle tandis que les deux autres se reposeraient. C'était un vœu pieu car nous étions trop épuisés pour pouvoir respecter une telle discipline.

Nous fûmes réveillés en douceur par un gros monsieur qu'entouraient des *Feldgendarmes* aussi pacifiques que lui. Ils avaient confisqué nos armes. Nous n'eûmes pas le temps de paniquer, car ils n'avaient aucune intention de s'embarrasser de nous.

– Vous êtes dans une caserne de la *Feldgendarmerie.* Vous ne pouvez pas rester ici. Si vous le désirez, vous pouvez aller à Immendingen. Ce n'est pas très loin.

L'homme avait un fort accent bavarois qui faisait ressembler son allemand à du yiddish. Nous ne demandâmes pas notre reste, et partîmes aussitôt. Quelque chose me disait que ces Allemands-là ne seraient pas une exception. La défaite aidant, le climat avait changé en Allemagne. Les gens semblaient avoir retrouvé un comportement normal.

La petite ville était décorée de drapeaux blancs. Tous les habitants paraissaient désemparés. Évidemment, nous faisions tache parmi eux, malgré les vêtements civils que nous avions trouvés. Nos corps décharnés et nos têtes rasées nous désignaient à l'attention de tous. Personne ne se hasarda à un geste d'hostilité ou de sympathie. Les gens faisaient mine de ne pas remarquer ces éléments étrangers qui erraient pacifiquement dans les rues.

L'absence de soldats dans la cité était plutôt rassurante. Aussi fûmes-nous paniqués quand une jeep, mitrailleuse pointée, apparut. La rue se vida. Nous restâmes sur le trottoir. Où serions-nous allés ? Je distinguai enfin les arrivants. Si la jeep était américaine, la cocarde était tricolore. Des Français ! Nous nous mîmes à parler plus fort dans notre langue maternelle. La jeep nous dépassa, stoppa et fit marche arrière avant de s'arrêter à notre hauteur. Un commandant en jaillit.

– Vous parlez français ?

– C'est notre langue.

– Vous êtes des Français ?

– Bien sûr !

– Qu'est-ce que vous faites là ?

– On a été libérés. Enfin, c'est un peu plus compliqué.

Nous lui racontâmes en quelques mots les étranges circonstances de notre libération. J'étais un peu interloqué. J'attendais des Anglais, des Américains ou des Russes, mais certainement pas des compatriotes. J'avais oublié jusqu'à l'existence de la France libre.

– Montez ! On vous emmène !

Les soldats n'eurent pas beaucoup à se serrer, vu notre maigreur. La jeep alla droit à la mairie où le commandant demanda à voir le maire. Ce dernier était le gros homme qui nous avait réveillés le matin même. Lui et ses adjoints firent assaut d'amabilités envers le commandant, suivant la règle qui veut que les vainqueurs aient toujours raison en toute circonstance.

Le commandant, un rien amusé par tant de servilité, se tourna vers moi :

– Tu vois, maintenant nous sommes les maîtres.

– Ah bon !

Je ne me sentais pas le cœur de lui expliquer que, des « maîtres », j'en avais un peu trop vus dans ma courte existence. Il sentit ma gêne, désigna le tatouage qui ornait mon bras, et me dit :

– Il faudra que vous me racontiez cela plus tard.

Le commandant paraissait mal à l'aise. Je compris qu'il ne devait pas s'arrêter dans cette cité, qui n'était pas un objectif militaire. Contrairement aux apparences, les combats continuaient encore, et il devait rejoindre une partie de ses hommes qui étaient déjà plus avant vers le front.

– Vous allez rester là, dans la mairie, et je vais revenir dans un jour ou deux. En attendant, vous êtes les patrons.

Je ne comprenais pas très bien ce qu'il voulait dire. Patrons de quoi ? Le commandant prévint le maire de sa décision :

– Ces messieurs sont intégrés à l'armée française. Ils dirigeront la ville en mon absence. Vous et vos collaborateurs leur devez obéissance.

– Oui, monsieur le commandant.

Nous prîmes un repas avec lui et ses officiers avant qu'ils repartent. La situation aurait été comique si elle n'avait été dérisoire. Trois cadavres ambulants avaient été intronisés chefs d'une ville de bien-portants. Une folie de plus mais celle-ci, au moins, nous faisait sourire. Les sous-hommes au pouvoir. Décidément, rien ne serait épargné à l'Allemagne vaincue. Il ne devait pas manquer dans Immendingen de nazis de la veille qui se terraient en attendant que l'orage passe. Quelle serait leur réaction s'ils venaient à apprendre que le village avait été confié à trois anciens déportés ? Il n'y avait plus un soldat français pour nous protéger. Nous devions donc agir avec prudence et doigté.

En attendant d'exercer pleinement notre pouvoir tout neuf, nous nous fîmes servir un repas et apporter des vêtements propres. Nous nous serions contentés de cela, mais le maire insistait pour connaître nos consignes.

– Nous réfléchissons ! Revenez plus tard !

Une fois, deux fois. Il revenait à la charge. Les Pieds nickelés que nous étions risquaient de passer pour des guignols aux yeux de leurs administrés s'ils n'agissaient pas. J'eus soudain une illumination. Nous n'avions qu'à agir comme les Allemands l'avaient fait si souvent. Aussi, lorsque le maire revint, il put enfin prendre note de nos ordres :

– Vous allez placarder des affiches dans toute la ville. Les habitants doivent apporter leurs armes et leurs postes de radio demain à la mairie.

– À quelle heure ?

– À partir de six heures ! Nous vous tiendrons responsable de la bonne exécution de cet ordre.

Lorsque nous ouvrîmes la fenêtre après une bonne nuit de repos, les habitants faisaient la queue avec armes et TSF. Nous eûmes tous trois une espèce de frisson. Ils auraient pu nous massacrer en toute impunité, car le commandant, à son retour, aurait été bien en peine de trouver les coupables.

Nous prîmes le temps d'engloutir un petit déjeuner avant de nous occuper de nos administrés. Nous avions désormais de l'assurance. Si les armes étaient restées anonymes, tous les possesseurs de poste de radio avaient pris soin de coller une étiquette dessus avec leurs nom et adresse. Nous les enregistrions avant de les mettre dans de grands cartons. Quelques postes nous échappèrent des mains et se fracassèrent au sol. Les propriétaires eurent droit à nos regrets narquois. Tous s'écrasèrent, tête basse.

Quelle humilité chez ces représentants de la race des seigneurs ! Toutes les populations se ressemblent dès lors qu'elles sont vaincues. Les vainqueurs, eux aussi, sont semblables. Il est si simple d'avilir celui qui a peur. Nous apprenions vite, mais étions trop épuisés pour nous venger vraiment. Notre pouvoir se résumait à des plaisanteries de collégiens. Nous avions trop d'ombres sur les épaules pour jouir pleinement du spectacle. Nous n'étions pas encore assez libres dans nos têtes. Nous revenions de trop loin. D'au-delà de l'humain.

UNE PETITE BOURGADE SI TRANQUILLE

Le commandant revint avec une centaine d'hommes le surlendemain. Cela nous rassura, car nous étions à la merci de quelques excités ou de francs-tireurs. La population était passive, mais ce calme apparent ne pouvait nous faire oublier ce dont les Allemands s'étaient montrés capables durant toute la guerre. À nous trois, nous faisions à peu près le poids d'un homme bien constitué, mais nos faiblesses ne s'additionnaient pas.

Le commandant prit les affaires de la cité en main et nous intégra à son dispositif. Ma connaissance de l'allemand me valut un poste officiel :

– Tu seras mon interprète. Je vais vous faire donner des uniformes, à toi et à tes deux copains.

– Mais je ne suis pas militaire.

– On régularisera plus tard. À la guerre comme à la guerre !

– Comme vous voulez, commandant.

– Tu as repéré un hôtel ?

– Il y en a un très beau.

– Parfait ! Nous allons le réquisitionner pour moi et mes officiers. Tu y seras aussi logé.

Le patron de l'établissement, aussi volumineux et cordial que le maire, ne fit aucune difficulté. Il n'y avait, il est vrai, aucun client à expulser. Un écriteau pendu à la poignée de la porte de ma chambre indiquait ma fonction d'interprète. Le commandant nous retint à dîner. Au café, il se renversa légèrement sur son siège, alluma une cigarette et dit, en nous fixant :

– Maintenant, racontez-moi tout.

Des trois, j'étais celui qui maîtrisait le mieux le français, et je n'avais rien perdu de ma gouaille de titi parisien. Mes compagnons me laissèrent volontiers la parole. Mais que dire ? Tout raconter était impossible, et le serait à jamais. Ici, dans ces pages, je ne livre que des bribes. Reste l'intransmissible, l'incommunicable, ce que chacun des survivants porte enfoui en lui.

Je parlai d'une voix sourde, lui donnant une vague idée de l'enfer que nous avions traversé. Il écoutait, les lèvres serrées. Au fur et à mesure de mon récit, les veines de son cou se firent plus saillantes et ses yeux s'embuèrent de rage contenue. Il ne me laissa pas achever, et se leva brusquement.

– Arrête. J'en ai assez entendu pour ce soir. Vous n'avez plus rien à craindre, les gars, vous êtes dans l'armée française, et je suis fier de vous compter parmi nous.

Il fut dès lors presque fraternel. Il nous respectait autant qu'il nous comprenait. Il donna l'ordre d'abattre un cheval, sous prétexte que manger cette viande nous remonterait. La nourriture, d'ailleurs, commençait à se raréfier dans ce village isolé de tout. Néanmoins, je ne manquais jamais de rien. Les filles du patron, fort jolies au demeurant, étaient à ma disposition. Elles m'apportaient des œufs à la coque au petit déjeuner, faisaient couler mon bain et anticipaient tous mes désirs. Elles n'avaient pas grand-chose à craindre de moi et l'avaient compris. J'étais trop affaibli, trop largué, pour penser à la gaudriole.

Mes nuits étaient traversées de cauchemars. Des visages venaient me hanter. Je craignais de m'assoupir et de me réveiller dans un camp de concentration sous la botte d'un kapo. La journée, je faisais ce que le commandant attendait de moi. Je traduisais, mais je ne parlais pas, j'aboyais comme je l'avais entendu faire par les SS. Les Allemands paraissaient me redouter. Je n'étais pas un soldat français comme les autres. S'ils avaient su combien je me moquais de leur sort !

Au bout de quelques jours, mon instinct d'ancienne bête traquée m'avertit d'un danger. J'avais l'impression d'être suivi lorsque je marchais dans les couloirs de l'hôtel. J'avais beau me retourner brusquement, rien. Pas un bruit. J'étais armé, mais peu sûr de l'usage que je pourrais faire du 7,65, des grenades et de la mitraillette que l'on m'avait confiés.

Je ne savais plus où j'en étais. Parfois, je mettais cette appréhension sur le compte de mon angoisse, mais je n'arrivais pas à m'en convaincre. En revanche, j'étais persuadé que ce n'était pas un Allemand qui se livrait à cette filature. L'invisible présence se rapprochait. J'entendais des bruits feutrés, je sentais son souffle sur mes pas. Je n'en pouvais plus. Il fallait en finir d'une manière ou d'une autre. Je n'osais pas en parler au commandant. Pour qui m'aurait-il pris ?

Un après-midi, je montai dans ma chambre, posai les armes sur le lit et m'assis sur une chaise. Des craquements, mais rien de précis. J'avais laissé la porte de la chambre ouverte. Je hurlai comme un fou :

– Si quelqu'un m'en veut, qu'il vienne ! Je ne suis pas armé. Qu'il se montre si c'est un homme et qu'il me dise en face ce qu'il me reproche !

Mes paroles étaient aussi incohérentes que la situation. J'agissais comme un dément. Et s'il n'y avait personne ? Quelques minutes plus tard, les grincements du plancher se firent plus précis. Le danger se rapprochait. J'avais encore le temps de me saisir de la mitraillette, mais j'étais paralysé, cloué sur place.

Je sentis une présence, là, tout près. Un homme était entré. C'était un colosse au teint basané. Une brute à face humaine revêtu d'un uniforme français. Nous nous fixions sans nous parler. Je laissai mes mains bien en évidence pour qu'il ne se méprenne pas sur mes intentions. Son visage m'était inconnu. Je brisai le silence pour ne pas hurler de peur :

– Tu m'en veux ?

– Oui !

– Tu veux me tuer ?

– Oui !

– Mais pourquoi ? Tu ne me connais pas !

– Parce que !

– Dis-moi au moins pourquoi tu veux me flinguer ! Ce ne sera pas un exploit. Tu es costaud et armé, alors que moi je suis sans arme et ne pèse pas plus lourd qu'une mouche. Alors, pourquoi tu veux me liquider ?

– Tu es toujours avec le commandant !

– Évidemment, je suis son interprète avec les Boches.

– Tu en profites pour dire du mal des Arabes.

Je faillis tomber à la renverse. C'était une histoire de fous. Je n'avais connu dans mon enfance qu'un seul Arabe. Un vendeur de marrons de la rue des Pyrénées que j'aimais bien parce qu'il m'en donnait chaque fois que je passais devant lui. En plus, j'étais nul en histoire et en géo !

– Écoute ! Tous les condamnés ont droit de parler une dernière fois avant d'être exécutés. Tu peux au moins m'accorder cette faveur.

Il acquiesça de la tête, prit une chaise et s'assit en face de moi. Il surveillait chacun de mes gestes. La moindre imprudence et c'en était fini de moi. J'aurais survécu aux nazis pour être assassiné par un soldat arabe parano !

– Le commandant ne dit pas de mal des Arabes. Moi

non plus. Il m'a pris auprès de lui parce que je parle allemand. Je suis un déporté.

Je lui balançai tout en vrac. Cela me faisait du bien d'ouvrir à nouveau la plaie et d'en extraire le pus. À l'instar de celui du commandant, son visage changea de couleur, se transforma sous mes yeux.

– C'est pas vrai ce que tu me dis.

Je continuai. Je ne lui épargnai rien. Je lui jetai à la gueule tous mes morts sans sépulture. Je le recouvris de leurs cendres à jamais incandescentes dans ma mémoire. Il suffoquait en m'écoutant, puis éclata en sanglots.

– Pourquoi tu ne m'as pas dit cela plus tôt ?

– Mais je ne te connaissais pas.

– Dire que j'ai failli te tuer. Personne ne m'aurait rien fait. Personne ne peut rien contre moi.

Je le crus sans discuter. Il émanait de lui une telle brutalité qu'elle ne prêtait pas à discussion.

– Comment t'appelles-tu ?

– Nassef ! Je suis marocain.

– Moi, c'est Jo.

– Maintenant, Jo, je suis à ta disposition.

– Ça veut dire quoi ?

– Je suis ton garde du corps. Le premier qui touche à un seul de tes cheveux, je lui règle son compte.

Il se confondit en excuses avant de repartir. Je m'étais fait un ami comme j'en aurais rarement dans mon existence. Nous formâmes, dès lors, un curieux couple. Nassef ne me lâchait plus d'une semelle. Un gros ours mal léché surveillant un lapin écorché !

Je me renseignai sur son compte. Il n'avait pas menti et jouissait effectivement d'un statut un peu spécial. C'était une espèce de kamikaze que l'armée envoyait traverser les lignes ennemies avec un gros GMC bourré d'essence et d'explosifs. Son salaire de la peur à lui, c'était de conduire ivre mort et de mitrailler tout ce qu'il voyait. Il réussissait chacun de ses coups et était devenu incontrôlable. Le commandant fut soulagé d'apprendre qu'il s'était pris d'affection pour moi. Désormais, je lui servirais aussi d'interprète avec Nassef.

Cette protection inattendue eut de drôles d'effets sur moi. Soudain, il me vint le désir de me venger, de faire souffrir au hasard. J'organisai donc, dans les jours qui suivirent, des razzias dans les fermes des environs avec des soldats, et Nassef qui mitraillait tout ce qui bougeait. Feu à volonté sur les poules, les lapins ou les cochons ! Les paysans terrorisés se tenaient dans leur ferme. Nous les débusquions dans les chambres. J'avais soif de vengeance mais étais incapable de passer à l'acte. Je me contentais de hurler, de les laisser s'humilier.

Les paysans s'accrochaient à moi parce que je parlais allemand, et que je paraissais être le chef de cette bande d'excités.

– Pitié !

– Et Hitler, il a eu pitié ?

– Ce n'est pas notre faute. On ne savait pas ce que faisait Hitler. On obéissait, mais nous n'étions pas nazis.

– Personne n'était nazi, c'est bien connu.

En fouillant dans les placards, je finissais toujours par découvrir des brassards à croix gammée ou des insignes nazis dissimulés sous une pile de draps.

– Et ça, vous ne saviez pas ce que c'était ?

– On était obligés.

J'aurais voulu les tuer, les étrangler de mes mains, mais on ne s'improvise pas tueur. La facilité aurait été de faire un geste à Nassef, qui n'attendait que cela. Je ne pus franchir le pas.

– Allez-y, les gars, servez-vous ! Ne vous privez de rien !

Je les encourageais à piller, mais ne pris rien moi-même, non par morale ou honnêteté foncière mais parce que je me foutais de tout. Je voulais seulement les entendre pleurnicher en voyant disparaître leurs bijoux dans les poches de mes copains. Mon 7,65 me brûlait les doigts. Ils n'avaient pas eu pitié, eux ! Leurs frayeurs m'énervaient, car elles me rappelaient trop celles que j'avais éprouvées.

Nassef avait conscience de mon désarroi :

– Tu veux que je les descende, ces ordures ?

– Non ! On s'en va.

Les pillages continuèrent quelque temps. Ce n'était pas un exploit, tant le désordre était grand dans toute la région. En apparence, la guerre était finie, mais des bandes de SS sévissaient encore et je pressentais que les paysans pleurnichards d'hier se transformeraient en brutes hystériques si le drapeau nazi flottait à nouveau sur la mairie. Nassef et moi, c'était plutôt la loi du plus fou, mais sous mon contrôle la brute faisait plus de peur que de dégâts.

Le commandant, toujours si cordial d'habitude, se montra un soir irrité. Il se balançait d'un pied sur un autre et houspillait ses officiers. Je n'échappai pas à sa nervosité :

– Il faudrait que tu montes la garde, toi aussi, cette nuit.

– Vous rêvez ! Ce n'est pas parce que vous m'avez donné un uniforme que je suis devenu un militaire. J'en ai ras le bol de la guerre et des militaires. Je ne vais pas commencer à jouer au petit soldat !

– Tu as raison. Va te coucher.

Le copain d'origine roumaine, qui partageait ma chambre, était déjà endormi. Je m'allongeai sans bruit.

Je faisais toujours autant de cauchemars et restais rarement plus d'une demi-heure sans me réveiller. La porte s'ouvrit brutalement au petit matin. Je me dressai sur mon lit. Des soldats allemands en haillons pointaient leurs mitraillettes sur nous. Partisans ou soldats de la Wehrmacht, ils avaient l'air décidés à nous liquider.

– Où sont vos armes ?

Je n'eus pas le temps de répondre qu'ils les virent et s'en emparèrent. Les paysans, qui avaient eu à souffrir de nos razzias, avaient-ils prévenu une des bandes armées qui pullulaient dans les bois ? Si tel était le cas, nous étions fichus. Mon copain dormait toujours à poings fermés. J'enviais son inconscience involontaire. Les minutes volées ainsi à la peur. L'un des Allemands arracha ses couvertures et pointa une mitraillette sur son ventre. Un sursaut, et il se réveilla enfin en criant :

– Qu'est-ce qu'il se passe, Jo ?

– J'en sais pas plus que toi.

– Fermez-la !

Nos hôtes n'avaient pas l'intention de nous laisser tenir une conférence.

– Habillez-vous ! Vite !

Je le fis. Mon copain, en revanche, était si paniqué qu'il n'arrivait à rien. Une chaussure au pied, l'autre à la main, il essayait vainement d'enfiler la seconde dans la première.

– Jo ! Aide-moi ! Je n'y arrive pas !

– Pomme ! Regarde ce que tu fais, plutôt.

Cela aurait pu être comique, mais je n'avais vraiment pas envie de rire. Mon blouson disparut sur le dos d'un Allemand et j'héritai à la place d'une veste dégueulasse. Un autre s'empara de mes chaussures. Finalement, ils nous prirent à peu près tout, et nous descendîmes l'escalier en loques. Le patron de l'hôtel et ses filles nous regardèrent passer sans rien dire. Ils avaient l'air aussi paniqués que nous. Après tout, ils avaient collaboré avec les troupes d'occupation.

Dans la rue, des soldats allemands, dont la plupart n'avaient guère plus de seize - dix-sept ans, arrachaient les drapeaux blancs accrochés aux fenêtres. Il n'y avait plus un Français. Où étaient-ils tous passés ? Nous partîmes avec notre escorte de mômes en armes. L'un d'entre eux, plus curieux que les autres, nous tint un discours aberrant, fleurant bon la propagande de Goebbels :

– Pourquoi les Français ont-ils envahi l'Allemagne ? Qu'est-ce qu'ils nous veulent ? Nous, on a voulu les sauver du bolchevisme et, pour nous remercier, ils viennent tuer nos femmes et nos enfants.

Qu'aurais-je pu leur répondre ? Ils ne savaient de la guerre que ce qu'ils avaient entendu dans les camps des Jeunesses hitlériennes. Des petits fanatiques, aussi sûrs de leur race que de leur charabia. Ils nous emmenèrent dans les bois jusqu'à un campement de soldats perdus, sans doute des rescapés du front russe.

Le sous-lieutenant qui commandait cette horde déversa un chapelet d'injures dès qu'il nous vit. Je compris qu'ils allaient nous exécuter sur place. Plus de prisonniers ! Pas de quartier ! Nous fûmes plaqués contre un arbre, et ils se mirent en ligne devant nous. Les soldats armèrent leurs fusils.

Plus d'un demi-siècle après, je ne sais toujours pas comment j'ai pu trouver les mots pour nous sortir d'affaire. Je m'adressai à eux en allemand. Je gueulai à la manière d'un SS pour me faire comprendre :

– Lieutenant ! Pourquoi voulez-vous nous exécuter ? Qu'avons-nous fait de mal ? Nous sommes venus travailler en Allemagne comme travailleurs libres. Quand l'armée française est arrivée, en tant que patriotes français, nous nous sommes placés sous ses ordres. Qu'auriez-vous fait à notre place ?

Il resta un instant sans rien répondre, puis maugréa :

– J'aurais fait comme toi !

– Nous ne méritons pas une mort aussi indigne. Nous sommes des patriotes comme vous.

– C'est vrai !

– Traitez-nous comme des prisonniers de guerre.

– Bon !

Les soldats autour de nous ne pipaient mot, mais le mot « patriote » avait aussi produit son effet sur eux. Tous nous dévisageaient comme des bêtes curieuses. Même en haillons, ils avaient plus d'allure que nous. Il est vrai qu'après les échanges forcés de vêtements nous étions drôlement attifés, moitié civil, moitié soldat.

Le lieutenant s'approcha de nous. J'eus l'impression qu'il allait nous renifler. Il nous examina sous toutes les coutures et eut même une espèce de rictus devant nos gueules à moitié mangées par les casques allemands qui descendaient jusqu'à nos oreilles. Il nous fixa froidement et demanda :

– Vous êtes juifs ?

– Non !

Nous avions répondu en chœur avec un empressement douteux.

– Bien sûr que vous n'êtes pas juifs ! Si vous aviez été juifs, je vous aurais fait découper en morceaux et je les aurais jetés dans les bois pour que des bêtes sauvages s'en repaissent.

Il éclata de rire, ses soldats aussi, et nous de même. Nous étions en pleine comédie, mais elle pouvait encore virer au tragique.

– Venez ici !

Je crus qu'il allait nous demander de nous déculotter pour vérifier si nous étions circoncis. Mais non ! Nous devions juste le suivre, lui et sa troupe. Nous arrivâmes sur un plateau où était installé un véritable état-major avec un général et des officiers supérieurs. Ils étaient tous penchés sur des cartes étalées à terre. Le lieutenant s'approcha d'eux, leur parla et nous désigna du regard. Tous nous détaillèrent comme des bêtes curieuses. Le général s'exclama alors :

– Qu'est-ce que c'est que ces deux comiques ?

Le lieutenant raconta ce que nous lui avions dit. Il n'eut pas le temps d'achever. Le général avait d'autres chats à fouetter :

– Pourquoi m'emmerdes-tu avec ça ?

– Qu'en fait-on, mon général ?

– Mets-les avec les autres !

Le général, tout à ses plans de stratège, n'avait pas une minute à nous consacrer, ce qui valait sans doute mieux pour nous. Nous redescendîmes du plateau et, en passant, eûmes le temps d'admirer le matériel en parfait état, dont un canon sur rail, de ces soldats perdus du nazisme.

Nous arrivâmes dans une espèce de campement improvisé où étaient retenus prisonniers le commandant et ses cent vingt hommes. Quel soulagement de retrouver les Français ! J'avais été jusqu'à supposer qu'ils s'étaient enfuis sans nous ou qu'ils avaient été tous liquidés. Il eut l'air, lui aussi, tranquillisé de nous retrouver sains et saufs :

– Heureux de vous voir ! J'ai eu peur pour vous.

Cela me parut un peu rapide. J'oubliai son grade et laissai exploser ma colère :

– C'est bien joli d'avoir eu peur pour nous, mais vous auriez dû y penser avant et nous avertir du danger. J'ai manqué me faire fusiller !

– Je suis désolé, Joseph.

– J'en ai assez, moi, de tout cela. J'aurais fait soixante

kilomètres jusqu'à la frontière suisse à pied, sur les mains ou les coudes, si vous m'aviez dit que les Boches pouvaient revenir.

– Je vous comprends. Je n'ai pas eu le temps de fortifier nos positions et cette division, du moins ce qu'il en reste, nous a surpris.

– Ils viennent d'où ?

– De l'Est comme tous les autres. Ils n'ont pas envie de tomber entre les mains des Russes.

– Et maintenant, que va-t-il se passer ?

– Dans trois ou quatre jours, tout sera réglé. Ils sont fichus. Ils finiront par le comprendre.

– Ils ont encore le temps de nous fusiller !

– Et les conventions de Genève, qu'est-ce que tu en fais ?

– Ça se voit que vous ne les connaissez pas !

Je m'éloignai. Ainsi, tout ce que je lui avais dit n'avait servi à rien. Il se croyait encore au temps de la chevalerie. Les nazis ne respectaient que plus forts qu'eux. Dans leurs mains, nous n'étions plus rien. De la viande.

Les soldats allemands nous conduisirent jusqu'à une école où ils nous enfermèrent. Ils ne se souciaient apparemment pas de nous donner à manger. Certains soldats râlaient. La faim, moi, ne me torturait pas. Une journée de diète, cela me paraissait dérisoire en regard de ce que j'avais vécu, mais je les comprenais. Le commandant décida que nous irions voir le général allemand pour lui demander du ravitaillement, au nom de ces fameuses conventions de Genève qui paraissaient être sa bible.

Le général allemand m'écouta traduire le plaidoyer du commandant. Il haussa les épaules :

– Mes hommes aussi voudraient bien manger !

Je me souvins alors que, quelques jours auparavant, j'avais trouvé un train à l'abandon plein de colis de la

Croix-Rouge dont un nombre impressionnant de boîtes de conserve. J'avais tout fait transporter dans des hangars attenants à la mairie. Sous le coup de l'émotion d'avoir été repris par les nazis, j'avais failli oublier mon trésor de guerre !

– Commandant, je sais où il y a de la nourriture !

Je lui expliquai tout, mais pris soin d'ajouter :

– Si on donne le renseignement aux Boches, ils vont tout nous piquer.

– On n'a pas le choix, Joseph !

Nous retournâmes voir le général. Ce dernier décida que les conserves seraient partagées entre tous les soldats, français ou allemands. Le commandant eut le triomphe discret. Il avait hâte de manger, lui aussi. Nous commencions à ouvrir les boîtes de la Croix-Rouge quand nous entendîmes les premiers tirs de mortiers. Bientôt, ceux-ci nous arrachèrent les tympans. Ça claquait de partout. On avait l'impression que toute la ville allait exploser.

Nous aurions dû nous réjouir de cette contre-offensive des Alliés, mais la peur nous tordait les tripes. Un obus atteignit l'école, qui prit feu. Ce fut la panique. Nous nous précipitâmes tous. Portes et fenêtres volèrent en éclats. Un soldat antillais s'agrippa à moi :

– Qu'est-ce que je fous ici ? J'étais si bien chez ma mère dans mon île.

Pas le temps ni le désir de lui répondre. Je franchis le seuil de l'école avec un autre soldat français. Au même moment, des avions fondirent sur nous en piqué et nous mitraillèrent. Une balle traversa le casque de mon compagnon et, déviée, tomba devant son nez alors que nous plongions à terre.

– Tu as vu, Jo, le pruneau que j'ai failli avaler par les narines.

Il était blanc comme un linceul, mais quelques

secondes après courait à mes côtés. C'est alors que les Allemands se mirent de la partie en tirant sur les prisonniers qui leur échappaient. Une fois n'est pas coutume, Alliés et nazis avaient les mêmes cibles : nous. J'étais cerné par les balles. Elles sifflaient tout autour de moi. Entre les jambes, au-dessus de la tête, sous les bras. J'allais finir en passoire !

Je plongeai tête la première dans une auge à cochons et me plaquai contre un muret. Je me sentais protégé, bien que les balles continuaient à ricocher au-dessus de moi. Je restai allongé jusqu'à ce que les combats se calment. Je sortis de ma cache à plat ventre et rampai tel un aveugle. J'ai certainement dû me relever et courir comme un fou loin de ce carnage. Comment savoir ? Toujours est-il que je me suis retrouvé dans un cimetière, couché à même le sol. Seul. Encore seul. Par quelle fatalité fallait-il, au moment où des hommes m'avaient à nouveau accepté pour ce que j'étais, que je me retrouve abandonné de tous au milieu des morts ?

Enfant, les morts me faisaient peur, mais désormais c'étaient eux que je craignais le moins. Les morts n'ont ni religion ni nationalité. Ils étaient devenus mes amis. Je ne risquais plus rien en leur compagnie, et leur silence me réconfortait. Le calme semblait être revenu partout, mais je n'avais plus envie de bouger. Quelques tirs isolés me sortirent de ma rêverie, puis bientôt je sentis une présence. Je me tassai. Ami ou ennemi, je ne tenais pas à prendre de risques.

– Jo ! Jo !

Cette voix, je la connaissais entre toutes. Nassef ! Je me relevai et le colosse fonça sur moi.

– Je t'ai cherché partout ! Viens !

Pas question de discuter ! Nassef me raconta en long et en large sa traque. Il avait parcouru comme un fou toute la campagne à ma recherche et avait fini, en désespoir de cause, par aller au cimetière. Il me conduisit jusqu'au commandant et quelques-uns de ses hommes qui avaient trouvé refuge dans l'église.

– Heureux de te savoir en vie, Jo !

Le commandant souriait de toutes ses dents. Quelques minutes plus tard, il faisait grise mine, car l'église était mitraillée. L'attaque aérienne dura près de trois heures. Le bâtiment souffrit plus que nous, mais cela n'atténua en rien notre angoisse. Les Allemands nous récupérèrent quelques heures plus tard. Nous réintégrâmes une annexe de l'école. Le village avait souffert des bombardements et les rues étaient jonchées de cadavres. Les civils avaient particulièrement souffert. Quelques survivants erraient, hébétés. Je ne pus m'empêcher de penser : « Encore deux ou trois jours de combats et ils feront avec, comme nous tous. » Mais s'habitue-t-on jamais à crever de peur ? Toutes mes réactions prouvaient que non !

Les combats continuèrent pendant encore trois jours avec plus ou moins d'intensité. Un soldat français reçut une balle dans la jambe et saignait d'abondance. Sans soins, il était condamné à se vider et à mourir. Le commandant demanda de l'aide au général, mais ce dernier ne pouvait rien. Il me revint que j'avais repéré, pas très loin, un monastère où des sœurs avaient ouvert une infirmerie de fortune et y soignaient qui se présentait à elles sans distinction d'uniforme.

Le général accepta de nous donner deux de ses hommes avec un brancard. Je leur servirais de guide. Le commandant essaya de me dissuader d'y aller :

– Si ça se trouve, vous arriverez trop tard ou pas du tout. Cela tire dans tous les coins.

– J'y vais quand même !

– Tu es gonflé !

Non ! J'étais tout simplement inconscient. Nous partîmes sous les tirs et avançâmes ainsi tant bien que mal. Mes brancardiers marchaient pliés en deux. Nous ne nous entendions pas respirer, ni le blessé gémir, tellement les balles sifflaient à nos oreilles. Les sœurs ne nous posèrent aucune question, et nous repartîmes en nous faufilant sous la mitraille.

Le commandant m'accueillit comme si j'avais accompli un exploit :

– Tu es un garçon courageux !

– Moi ?

– Oui, toi !

Je n'avais pas une âme de héros. Cette notion me paraissait ridicule. Tout est simplement affaire de circonstances. Sait-on pourquoi on agit ainsi ou autrement ? Durant ce qui me sembla n'être qu'une accalmie, le général fit regrouper tous les prisonniers et déportés libérés entre ses mains sur la grand-place du village. Nous étions cinq ou six cents. Des soldats allemands armés jusqu'aux dents nous faisaient face. Le général allemand et ses officiers se tenaient à l'écart, et contemplaient leur mise en scène. Ils pouvaient être fiers du spectacle. Nous avions tous peur. Le général donna de la voix :

– Commandant, venez me voir avec votre petit interprète !

Nous fîmes quelques mètres vers lui.

– Petit interprète, explique à ton commandant que nous avons perdu la guerre et avons ordre de ne laisser aucun prisonnier derrière nous.

Je traduisis aussi fidèlement que possible. Le commandant prit l'annonce de notre condamnation avec hauteur :

– Réponds-lui que, si c'est pour nous dire cela, il n'avait pas besoin d'interprète. Qu'il fasse sa besogne et qu'on n'en parle plus !

La mort rôdait à nouveau autour de moi. Le général prit mal la réponse et se mit à hurler :

– Je ne suis pas un SS ! Je suis un général de la Wehrmacht ! Je ne suis pas un assassin mais un soldat. Dis à ton commandant que je capitule.

Je restai sans voix. Tout allait trop vite pour moi. Je n'étais pas sûr d'avoir bien compris.

– Qu'est-ce qu'il a dit ? Qu'est-ce qu'il a dit ?

Le commandant s'impatientait. Je repris mon souffle et eus du mal à articuler :

– Il capitule !

Le général allemand se tourna alors vers ses hommes, qui n'avaient pas bougé :

– Déposez les armes !

Elles tombèrent dans un ensemble presque parfait et sans l'ombre d'une hésitation. Un ordre contraire, et ces soldats nous auraient massacrés. L'obéissance aux ordres leur tenait lieu de cerveau.

– Deux pas en arrière !

Le commandant n'eut pas à intervenir. Les Français se précipitèrent sur les armes et s'en emparèrent. Désormais, les rôles étaient inversés, et les Allemands prisonniers.

Nous nous déployâmes à travers le village et la campagne. Nous étions les maîtres à nouveau. Pour peu de temps d'ailleurs, car les premiers chars alliés ne tardèrent pas. C'étaient des Français, et le premier tankiste eut une espèce de hoquet quand il réalisa qui nous étions :

– Hé ! les gars, contre qui on s'est battus ? Des Français ou des Boches ?

– Te casse pas la tête ! Ce serait trop long à t'expliquer mais c'est tout bon maintenant, vous pouvez avancer sans crainte.

Le soldat sortit son colt et tira en l'air. La colonne de

chars s'ébranla à nouveau. Une véritable armée défila sous mes yeux. Cette fois-ci, il ne pouvait plus y avoir de doute. La guerre était terminée et c'était vraiment la Libération. J'aurais voulu être ivre de joie, mais je ne pouvais m'empêcher de penser à tous ceux qui auraient tant voulu vivre de pareils instants.

Je les sentais près de moi. Ma mère, André, mon père et tous les autres, mon misérable cortège d'ombres. Un Italien, que je ne connaissais pas, me sauta dans les bras et m'embrassa. D'autres firent de même. Tous les hommes étaient frères. Pour combien de temps ?

À LA CROISÉE DES CHEMINS

Nous reprîmes nos quartiers dans l'hôtel du village, et je retrouvai mon poste auprès du commandant. Ce dernier apprit quelques jours plus tard que l'état-major allait lui envoyer des interprètes officiels. Il se faisait du souci pour moi et voulait que je régularise ma situation auprès de son unité :

– Jo, il faut que tu comprennes que, pour l'armée, on est soit civil, soit militaire. Toi, tu es un civil en uniforme.

– C'est vous qui me l'avez fourni.

– Tu ne pouvais pas rester avec tes guenilles ! Signe un engagement ! Cela arrangera tout, et je pourrai te garder auprès de moi sans que personne me cherche des poux dans la tête.

– Je ne sais pas encore où j'en suis. Je peux pas signer.

– D'après tout ce que tu m'as raconté, personne ne t'attend en France. Tu n'as plus de famille.

– Je sais pas.

– Prends le temps de réfléchir.

– Je ne sais vraiment pas ce que je vais faire.

– Bon ! En attendant que tu prennes une décision, tu vas rester avec moi. Je te couvrirai. Tu t'es fait des copains ici. Ils t'aideront à remonter la pente. En France, tu serais l'otage de ta solitude.

Le lendemain, j'annonçai au commandant que j'acceptais sa proposition. Il en fut heureux :

– Tu n'auras aucune obligation militaire. Cela te donnera la possibilité de te stabiliser. Je vais te fournir un laissez-passer qui te permettra de partir le jour où tu le souhaiteras.

Qu'aurais-je pu espérer de mieux ? Le commandant me conseilla de garder mon papier, dûment tamponné par le gouvernement militaire de Tuttlingen, sur moi. Je me sentais enfin libre de mes mouvements, mais je manquais de volonté. Je paniquais à la seule idée d'avoir à prendre une initiative.

L'occupation française était alors plutôt bon enfant, et aucune opération de dénazification n'avait encore été entreprise. Les quelques centaines d'anciens déportés réfugiés dans le village enviaient ma position. J'étais pour eux une espèce de « grand manitou » qui dînait à la table des nouveaux maîtres. J'avais, effectivement, une allure de « patron » lorsque je me promenais dans les rues, mais, au fond de moi-même, j'étais aussi paumé qu'eux.

C'est lors de l'une de ces promenades que je fus interpellé :

– Hé ! le Parisien !

Un homme marchant difficilement avec des béquilles avançait vers moi en souriant. C'était le blessé que j'avais transporté dans l'hôpital de fortune tenu par les sœurs.

– Il faut que je t'embrasse ! C'est grâce à toi si ma jambe a été sauvée. La jambe et le reste !

– C'est rien.

– T'as eu du courage. Il faudra qu'on se revoie quand on sera rentrés au pays.

– Bien sûr ! Où es-tu logé ?

– Chez le curé. Ce sont les sœurs qui m'ont envoyé chez lui. Il me soigne aux petits oignons.

Nous nous étreignîmes et nous promîmes de nous

revoir. Vœu pieu qui ne serait pas tenu. J'étais heureux pour lui, mais, dans le même temps, sa blessure me paraissait dérisoire par rapport à tout ce que j'avais vu. Absurde hiérarchie de la douleur qui dominait alors chacune de mes réactions.

Uniforme impeccable, revolver au ceinturon, j'en imposais malgré mon allure chétive et mon teint de craie. Les Allemands me saluaient avec déférence, ce que n'avaient pas manqué de remarquer des Juifs polonais. Qu'un ancien déporté, comme eux, soit devenu un notable les intriguait et les amusait à la fois. Ils savaient que j'étais français mais n'oubliaient pas pour autant mes origines polonaises. Leur agilité mentale et verbale me donnait l'impression d'être un lourdaud. Ils ne manquaient jamais de se moquer gentiment de moi :

– Dis donc, t'es devenu un homme important. Les Allemands sont à tes pieds.

– Arrêtez vos vannes. Qu'est-ce que vous voulez ?

– Il paraît qu'il y a du cognac dans les caves du village. Tu dois avoir les clefs ?

– Si vous me donnez les adresses.

J'avais du mal à leur refuser quoi que ce soit. Ils avaient tout connu, des ghettos aux camps. Ils n'avaient plus d'âge tant les expériences pesaient sur eux. Des vieillards prématurés à la sagesse mâtinée de débrouillardise. Quand je faisais mine de prendre mes distances avec eux, il y en avait toujours un pour me lancer d'une voix doucereuse, presque plaintive :

– Tu as beau être le fils du commandant, il ne faudrait pas que tu oublies d'où tu sors !

De tels propos me tiraient de l'engourdissement qui était le mien. Je paradais. Mais qu'étais-je au juste ? Un survivant sur lequel flottait un uniforme de soldat français, ce que je n'étais pas. Ils avaient raison de me le rappeler.

J'avais du brouillard dans la tête et me sentais incapable d'agir par moi-même. Je les suivis sans discuter quand ils me dirent avoir quelque chose à me montrer. Nous débouchâmes sur la grand-place où quelques semaines auparavant le général allemand avait capitulé. Il y avait une file interminable. Des Allemands de tous les âges attendaient de passer devant des représentants des troupes alliées.

– Que demandent-ils ?

– Des laissez-passer pour quitter la ville.

– En quoi cela me concerne-t-il ?

– Prends ton temps. Va voir de plus près. Promène-toi.

J'avançais lentement en détaillant chaque visage. Je ne pouvais m'empêcher de penser. Et celui-là, que faisait-il pendant la guerre ? Et l'autre là-bas à l'air si abattu ? Soudain, je ressentis comme un pincement au cœur. Un gars avait un passe-montagne sur la figure. Il ressemblait à un paysan aux habits du dimanche défraîchis. Mais je connaissais ce visage. C'était celui du kapo à qui j'avais promis de le retrouver, dans le dernier camp où j'avais subi une séance de désinfection. Je ne pouvais me tromper. C'était bien lui. Je revoyais son poing s'abattre sur moi parce que je refusais de sortir nu.

Je le dépassai sans rien dire et allai directement vers le bureau où siégeaient des représentants de chaque armée alliée. J'expliquai la situation à l'officier français. Il consulta ses collègues, et tous décidèrent d'interrompre la distribution de papiers :

– Ramène-le-nous.

Je remontai la file en sens inverse et m'arrêtai, affable, devant mon homme :

– Qu'est-ce que c'est que cette queue ? Qu'attendez-vous ?

Sous mon casque militaire et mon blouson américain, il ne risquait pas de me reconnaître. Avait-il d'ailleurs jamais prêté attention à un seul visage parmi tous ceux qu'il avait maltraités ? Tout heureux que quelqu'un s'intéresse à son sort, il me répondit, tête baissée, en humble :

– J'attends un laissez-passer. Je voudrais rejoindre ma famille.

– Vous avez l'air bien sympathique. Je vais essayer de vous épargner plusieurs heures d'attente. Suivez-moi !

Je n'eus pas besoin de me répéter, et il m'emboîta le pas en se confondant en remerciements. Pas un Allemand ne protesta en voyant un des leurs les doubler sans vergogne. Je le précédai dans le bureau et me retournai vers lui. Il souriait en attendant que l'on daigne s'occuper de son cas.

Je retirai mon casque, laissant apparaître mon crâne rasé. Il n'eut aucune réaction. J'enlevai mon blouson et retroussai mes manches afin que mon numéro lui saute à la gueule. Enfin ! Il pâlit. Ses mains se crispèrent sur son pantalon.

– Tu te souviens comment on s'est connus ?

Je ne pus continuer, car un officier russe lui envoya un coup de poing qui l'expédia à l'autre bout du bureau. Tous les autres s'y mirent. Un passage à tabac en règle. Je ne bougeais pas. J'avais des choses à dire. Quant à taper, si j'en avais eu la force, je l'aurais volontiers fait, mais seul, pas dans une meute, fût-elle constituée d'officiers alliés. Pourtant, je n'avais pas de pitié pour les hommes comme lui. Je voulais qu'ils fussent tous châtiés, jusqu'au dernier.

L'ancien kapo fut transféré quelques jours plus tard pour être jugé avec d'autres bourreaux, dont des SS. Je l'accompagnai avec un officier et un interprète officiel, l'un de ces fameux Alsaciens dont l'arrivée avait tant inquiété le commandant. J'étais assis à l'arrière de la voiture avec lui.

Les routes étant encombrées de véhicules militaires, le voyage fut anormalement long. L'officier français, peut-être pour tromper son ennui, me demanda dans quelle unité je servais. Je lui expliquai tant bien que mal mon statut un peu particulier. Cela perturba son sens de la discipline :

– Mais alors qu'est-ce que vous faites en uniforme de l'armée française ?

Une fois encore, je dus raconter, redire les mêmes choses avec le sentiment pénible d'avoir à me justifier d'être encore de ce monde. Pourquoi avais-je survécu ? Au nom de quel mystère ? Pour qui ? L'officier m'écouta en silence, puis, la voix légèrement étranglée, demanda :

– Et notre client, que lui reproche-t-on ?

Je taillai au kapo un costume sur mesure, sans rien exagérer ni rien omettre de ses qualités de parfait salaud. Les chairs de nombreux Français avaient eu à connaître les marques de ses coups. L'officier tendit une cravache à l'interprète. Ce dernier n'était pas un « Malgré nous », un de ces Alsaciens qui servirent le nazisme avant de prétendre n'avoir pu faire autrement. Il apostropha le kapo en allemand :

– Tu as vu comment tu es affalé sur la banquette. Un pacha ! Pousse-toi ! Tu gênes monsieur.

Il ponctua ces quelques mots d'un grand coup de cravache. Le kapo se tassa contre la portière et essaya pendant tout le reste du trajet de se faire tout petit. Nous l'écrasions de notre mépris. Mais méritait-il seulement que nous lui accordions cette distinction ? Il n'était qu'un minuscule rouage de la machine à exterminer.

Je témoignai et signai ma déposition au QG de l'armée française. Avant de repartir, j'eus le temps de constater à quel point les SS prisonniers étaient « maltraités » par les vainqueurs. Décontractés, la cigarette aux lèvres, la plupart d'entre eux n'avaient rien perdu de leur morgue.

J'étais révulsé. J'avais un goût de vomi rentré au fond de la bouche. Comment pouvait-on les traiter comme des invités de marque alors qu'ils avaient fait de nous une variété animale tout juste bonne pour l'abattoir ?

De retour au village, j'allai voir le commandant et lui confiai mon écœurement. Tout en moi criait vengeance. J'aurais voulu que ces brutes endurent la même chose que nous. Il me laissa parler sans m'interrompre. Je retombai épuisé, vidé de mon pus. Il m'expliqua comme un médecin à un malade ce que j'aurais dû savoir et comprendre si je n'avais été un gamin de dix-huit ans écartelé par sa mémoire.

– Joseph, nous ne sommes pas des SS mais des militaires français. Quoi qu'ils aient fait, nous sommes liés par les conventions de Genève. Nous les jugerons parce qu'ils se sont conduits en barbares, et cela nous interdit de nous conduire comme eux.

– Vous raisonnez, commandant, mais moi je ne peux pas en rester là !

– Tu ne voudrais tout de même pas qu'on rouvre des camps de concentration pour eux ?

– Ce serait plus juste que de les traiter comme des hôtes ! Ils ont tué, brûlé vifs des femmes et des enfants, et vous les considérez encore comme des êtres humains !

– Je te comprends, mais les choses sont ainsi, et ni toi ni moi ne pourrons les changer. Fais ce que tu crois juste de faire.

Moi qui avais toutes les raisons de ne plus croire en l'humanité, j'étais sensible au charisme et à l'humanisme du commandant. Sa qualité d'écoute était telle qu'il pouvait, lui, essayer de me faire comprendre certains événements qui dépassaient mon entendement. Ainsi, lorsqu'il avait fait distribuer, peu de temps après leur reddition, des vêtements civils au général de la Wehrmacht et à ses officiers avant de les libérer, j'avais été choqué, mais en quelques mots il avait su me rappeler que ceux-ci avaient l'ordre de ne rien laisser derrière eux, et qu'ils auraient dû nous liquider. Il rendait au général sa politesse, en officier pétri d'honneur.

J'étais tellement à part que je ne retenais rien, même pas les noms de ceux qui se conduisaient comme des hommes bien avec moi. Je regrette aujourd'hui de ne pas avoir mémorisé le nom de cet officier français. Je dois à son souvenir, et à celui d'autres êtres de son acabit, d'avoir plus tard guéri de l'inhumanité que les nazis avaient distillée en moi.

L'idée de rentrer en France et d'essayer de retrouver ma jeune sœur commençait à me travailler, mais je n'arrivais pas à prendre une décision. L'autonomie me faisait peur. Ici, finalement, je me laissais porter au gré des jours. L'ombre protectrice de Nassef était toujours aussi présente à mes côtés. Je l'accompagnais toujours durant ses équipées chez les paysans du coin, mais j'étais indifférent à tout, particulièrement à l'argent. Ma seule vraie prise de guerre fut un poignard SS. Je l'ai toujours. Dérisoire souvenir mais qui symbolise tant de cruauté.

L'arrivée d'un régiment de Sénégalais mit notre village allemand en émoi. Ces hommes, toujours en première ligne, étaient précédés d'une réputation de violeurs. En fait, le repos du guerrier de cette chair à canon était constitué par un bordel militaire de campagne, mais, le racisme et la peur de l'inconnu aidant, les Allemands ne voyaient en eux que des sexes en rut.

Les deux filles du patron de l'hôtel se réfugièrent dans

mon lit. Elles m'appréciaient d'autant plus qu'elles avaient compris que je ne représentais aucun danger pour elles. Je n'éprouvais aucun désir sexuel. J'étais un corps vide. Une simple enveloppe charnelle.

Leur père organisa une soirée pour les officiers de passage avec leurs troupes. Musique, buffet copieusement garni, il avait bien fait les choses. Ses filles m'invitèrent à danser. Je bougeais aussi bien qu'un manche à balai, et me sentais presque gêné d'avoir une distraction si simple, si humaine.

Je commençais à peine à fondre mes mouvements dans le rythme de la danse que des militaires arrivèrent, passablement éméchés. L'un d'entre eux, un tankiste, dut se demander ce que faisait un microbe déguisé en soldat dans les bras d'une jolie fille. Titubant mais sûr de lui, il m'attrapa, me poussa sur le côté et prit ma place. Je m'en foutais et éprouvais même la satisfaction d'être débarrassé d'une corvée.

Je ne réalisai pas tout de suite ce qui se passa. Un peu comme dans un western, je vis le tankiste aller dans le décor et s'écraser sur une table. Je contemplais la scène sans comprendre lorsque la fille revint vers moi, toute souriante. Nassef l'escortait et il avait son air des mauvais jours :

– Danse, Jo.

– Ça va, Nassef, j'ai assez dansé pour ce soir.

– Danse.

J'allais m'exécuter pour ne pas le contrarier, mais les copains du tankiste nous entourèrent. Nassef ne se laissa pas impressionner. Tout aussi soûl qu'eux, il sortit son colt et les braqua en jouant dangereusement avec la gâchette de son arme. C'est à ce moment-là que le commandant arriva. Nassef lui réserva le même traitement et tourna son arme vers lui en braillant :

– Le premier qui bouge, je lui tire une balle dans la peau !

Personne ne prit ça à la rigolade. Nassef ne se contrôlait plus et avait l'ivresse redoutable. Le commandant, blanc comme un linge, avait les lèvres pincées. Je m'avançai et tendis la main vers mon ami marocain :

– Nassef, donne-moi ce flingue !

– Reste tranquille, toi !

– Allez, sois gentil. C'est pas grave.

– Laisse-moi, Jo.

– Donne !

Finalement, il céda comme un petit garçon pris en faute. Je le raccompagnai jusque dans sa chambre et attendis qu'il soit couché pour repartir. Avant de redescendre, je planquai son arme sous mon matelas. Je retrouvai le commandant en rage. Il avait eu peur et ne pouvait admettre cette défaillance qui l'avait diminué aux yeux des autres officiers présents.

– Cette fois-ci, votre ami Nassef a passé les bornes.

– Il était fin soûl.

– Soûl ou pas, on ne braque pas un officier. Qu'il se présente demain matin, à huit heures, au rapport. Il est bon pour le conseil de guerre.

Inutile d'insister ! Le commandant n'était pas en état de m'écouter. Une heure avant l'instant fatidique, j'allai dans la chambre du commandant plaider la cause de Nassef.

– Il a voulu me protéger. L'alcool aidant, il est devenu comme fou. Il a mille fois risqué sa vie pour l'armée.

– Le fait d'être un kamikaze ne lui donne pas tous les droits. Je passe parce que c'est toi. Je l'attends ! Et il a intérêt à me présenter ses excuses.

Réveiller Nassef ne fut pas chose facile. L'ivrogne ronflait et, j'avais beau le secouer, je n'obtenais de lui que des grognements. Il finit tout de même par ouvrir un œil et une bouche pâteuse.

– Nassef, vite, le commandant attend que tu lui présentes des excuses.

– Pourquoi ?

– Pour hier soir !

– Qu'est-ce qu'il s'est passé ?

– Tu as failli tirer sur lui.

– Déconne pas ! C'était pour rigoler. Tu vas pas en faire toute une histoire.

– Nassef, secoue-toi les puces. Le commandant, il a vraiment pas rigolé. Il voulait te faire passer en conseil de guerre.

– J'ai vraiment fait le con.

– Pire que cela.

Il arriva si penaud chez le commandant et fit de si confuses excuses que l'affaire s'arrêta là.

Jour après jour, une présence s'insinuait en moi. C'était celle de ma petite sœur. Je n'avais déjà que trop tardé. Le commandant accueillit sans surprise ma décision. Le laissez-passer qu'il m'avait fourni me permettait de réquisitionner un véhicule ou de prendre place dans un convoi militaire en route pour la France.

Je partis le cœur triste. Malgré ou en raison de ma solitude, je m'étais fait bien des amis. Le commandant me serra chaleureusement la main. J'avais envie de lui dire combien il m'avait aidé et je sentis que lui aussi désirait me parler. Timidité ou pudeur, nous en restâmes là. Nassef, lui, fut triste, simplement, à sa manière.

– On se retrouvera, Jo.

– J'y compte bien !

Dans le gros GMC qui me ramenait, je m'efforçais de ne pas regarder le paysage de cette Allemagne où j'avais, par une étrange contorsion du destin, commencé à retrouver mes marques. Une angoisse montait en moi. Je quittais le cocon de l'armée et ne savais où aller. Serais-je capable de m'occuper de ma sœur si jamais je la retrouvais ? J'avais déjà tant de difficultés à être moi-même.

Strasbourg fut pire qu'une déception. Je ne fus pas traité en victime mais en suspect dans le centre de transit où j'avais abouti. On me fouilla. Je subis un interrogatoire et on me prit le 7,65 et la baïonnette que j'avais ramenés dans mon maigre bagage. Avais-je une tête de suspect avec mes cheveux ras, ma maigreur cadavérique ? Les anciens de la LVF, de la Milice et les collabos en tout genre avaient tout de même une autre allure !

On me rapatria ensuite sur Paris, à l'hôtel Lutétia. Le palace avait été transformé depuis la Libération en un centre de transit pour les déportés. Le spectacle qui y régnait était indescriptible. Une Cour des Miracles où se croisaient survivants, jeunes gens et jeunes filles d'œuvres charitables venus aider, et des familles cherchant désespérément à avoir des nouvelles des leurs.

Tous les couloirs, toutes les pièces étaient encombrés de gens qui s'accrochaient à un regard, à un mot. Les gens pensaient que tous les déportés se connaissaient entre eux. J'étais dans l'incapacité de répondre à ces malheureux qui s'agrippaient à moi en me demandant si je savais ce qu'était devenu Untel ou Untel. J'étais désemparé. Ainsi, donc, ils ne savaient rien. Ils ignoraient tout d'où nous venions.

Personne ne m'attendait. Ce n'était pas une surprise. J'aurais tout de même voulu croiser un visage familier. J'étais plus seul que jamais dans cette foule grouillante et bruyante. On me donna une prime de rapatrié. De quoi tenir un ou deux mois sans faire d'excès. Au moment de franchir le seuil de l'hôtel Lutétia, je sentis une boule se former au creux de mon estomac. J'avais quitté Paris en 1941. Qu'était devenue cette ville si troublante dans mon souvenir ? Était-elle, à l'instar de tant de villes polonaises et allemandes, un champ de ruines ?

Et les Parisiens, comment avaient-ils passé ces années ? Boulevard Raspail, la ville me parut si belle que je ne la reconnus pas. Tout paraissait intact. Immaculé. Je rêvais en marchant, mais à chaque pas mon cœur se brisait davantage. Qu'avais-je désormais de commun avec ces êtres qui allaient et venaient et me donnaient l'impression qu'ils n'avaient pas vécu sur la même planète que moi pendant mon absence ?

L'IMPOSSIBLE PAROLE

Je trouvai une petite chambre dans un hôtel minable proche de la place de la République. Je n'accordais aucune importance au décor : papier peint jauni, lavabo crasseux dont le goutte à goutte me tenait compagnie, toilettes au fond du couloir. Je voulais juste un lit où m'abattre après mes déambulations dans les rues de Paris.

Les cafés grouillaient de monde. J'étais surpris d'entendre tant de juifs converser entre eux comme si rien n'était arrivé. J'allais naturellement vers eux pour savoir comment ils avaient réussi à échapper aux griffes des nazis. La plupart ne tenaient pas trop à en parler. Ils avaient déjà tourné la page. Mon cas ne les intéressait pas plus. J'étais vivant, plutôt en bonne forme, je n'avais donc pas à me plaindre !

Une question, néanmoins, revenait souvent : « Combien de temps as-tu été déporté ? » Que répondre ? Comment leur expliquer que le traumatisme subi n'était pas fonction de la durée ? Réduire la déportation à de la comptabilité ou à de la statistique me paraissait obscène, dérisoire. Les gens ignoraient encore l'ampleur du cataclysme, et peu d'images avaient été diffusées de ces montagnes de squelettes trouvées par les troupes soviétiques ou américaines.

Tous, à l'unisson du pays, vibraient pour la reconstruction. Aussi, ce que je disais et représentais devenait gênant. Je compris que je ne pourrais leur parler des chambres à gaz et des fours crématoires. Ils n'étaient pas prêts à écouter l'impossible parole des survivants. Mon année en enfer, la trentaine de personnes de ma famille assassinées, ils n'avaient pas envie de les prendre en charge. À ma grande surprise, certaines familles paraissaient avoir été totalement épargnées. Ce mystère me dépassait et, aujourd'hui encore, je m'interroge sur la loterie du destin.

Ce Paris-là n'était plus le mien, celui de mon enfance. J'étais comme un voyageur égaré sur un quai de gare et entouré de personnages qui sont tous attendus par les leurs et ont une destination. La solitude m'enveloppait, me rongeait la peau. Je partis pour Lyon afin de demander au directeur de l'école de ma sœur où elle avait été évacuée.

Mes résolutions s'effondrèrent dans la cohue de la gare de Lyon-Perrache. La foule m'oppressait. Je me sentais épuisé, déphasé. Je me rendis tout naturellement au bureau du comité d'accueil pour les rapatriés. Je présentai mes papiers et expliquai confusément mon cas, les raisons de mon arrivée à Lyon. J'eus enfin l'impression de rencontrer des personnes prêtes à m'écouter. Elles m'entourèrent comme jamais je ne l'avais été depuis mon retour en France. L'histoire de ma sœur les sensibilisa particulièrement :

– Ne bouge pas ! On s'en occupe !

Je les entendis téléphoner et les vis s'agiter dans tous les sens sans très bien comprendre. Je goûtais le confort d'être pris en charge. Quelques heures plus tard, les recherches aboutirent :

– On a retrouvé ta sœur. On met une voiture et un chauffeur à ta disposition.

– Où est-elle ?

– À Liergues, près de Villefranche-sur-Saône.

Je ne sus trouver les mots pour remercier ces inconnus qui s'étaient mobilisés pour moi, m'avaient nourri et réconforté. Je grimpai dans une Traction noire récupérée par la Résistance après le départ de la Gestapo. Avec ma gabardine ramenée d'Allemagne et mon chapeau, j'avais tout d'un flic de cinéma.

Liergues n'était pas un village, tout juste un bourg d'une cinquantaine d'habitants. Un paysan nous indiqua la ferme où se trouvait ma sœur. Elle était située au bout d'un chemin rocailleux. Une petite jeune fille en robe de paysanne était assise en haut des marches du perron. Je n'eus aucun mal à reconnaître ma sœur. Je l'appelai, mais son prénom s'étrangla dans ma gorge. Elle bondit vers la maison en criant :

– Madame Bétiole, il y a un inspecteur de police !

– Paulette, c'est moi, Joseph, ton frère.

J'enlevai mon couvre-chef et m'approchai d'elle. Elle me fixait comme si j'étais un fantôme, puis elle fondit en larmes avant de se précipiter dans mes bras. J'avais tant rêvé de cet instant que je ne savais si je le vivais vraiment. Les habitants furent bientôt tous autour de ces deux enfants qui s'étaient enfin retrouvés.

– C'est le frère de la Paulette !

Cette exclamation tant de fois reprise me prouvait combien ma sœur était intégrée ici. Avais-je le droit de l'arracher à ces gens qui l'entouraient si chaleureusement ? Qu'avais-je à lui offrir, moi qui, déjà, n'arrivais pas à me prendre en charge ? Tandis que je la serrais contre moi, je songeais qu'il me faudrait bientôt tenter de lui expliquer de quelle manière nos parents avaient été tués. Je décidai d'attendre. Je ne me sentais pas capable de lui dire les mots qui voileraient son regard.

On me donna une chambre après le repas familial. J'étais comme apaisé et passai une nuit tranquille dans de vrais draps. Je découvris, au petit matin, une campagne dont la beauté mélancolique s'accordait à mon humeur. Je compris vite quels gens extraordinaires avaient accueilli ma sœur. Ce couple de métayers d'origine italienne avait déjà un fils, Corado, et deux filles, Élise et Séverine. Paulette était devenue leur troisième fille, et ils lui avaient offert le seul bien qu'ils possédaient, leur générosité. Catholiques pratiquants, ils avaient respecté son refus d'aller à la messe.

Tout le bourg protégea par son silence la présence de la petite fille juive, et Paulette aurait coulé là les jours les plus heureux de sa jeune existence si elle n'avait été rongée par le souvenir des siens. Je finis par lui dire la vérité sur nos parents. Elle ne posa aucune question. J'aurais dû parler davantage, mais je me réfugiai derrière son silence.

Il y avait une sorte de conjuration pour me remettre d'aplomb. Œufs frais du jour, lait, viande, vin clairet. Chaque fois que je faisais mine de refuser un plat, je m'attirais la même antienne :

– Bois et mange, Georges, tu en as besoin. Il faut prendre des forces.

Pour eux tous, j'étais devenu Georges, le frère de la Paulette. Pendant que la planète sombrait dans la folie, ce petit coin de paradis avait été épargné. Je passais des heures allongé dans l'herbe sur la petite colline qui dominait les terres du bourg. Les oiseaux chantaient et la nature semblait se mettre à l'unisson. Je me fondais dans cette beauté et récupérais physiquement jour après jour. Je participai aux vendanges et aux fêtes qui accompagnent dans les villages cette période de l'année.

Malgré ce bien-être, j'avais toujours l'impression d'être dans un tunnel dont je ne verrais jamais la fin. Je me laissais porter par les événements mais étais toujours incapable de prendre une décision. J'avais le cerveau pris dans la glu. Paulette ne me demandait rien. Elle attendait que j'émerge de mon trou noir.

Un après-midi, j'accompagnai Élise aux cerises. Elle les cueillait et je tenais le panier. Il faisait beau, trop chaud même. Soudain, tout tourna autour de moi. Le ciel venait à ma rencontre.

– Élise, je ne me sens pas bien. Je vais m'allonger dans l'herbe.

– Repose-toi, Georges. Je n'ai pas besoin de toi.

J'avais chaud et froid. Le corps noyé de sueur, je me recroquevillai sur moi-même. Élise ne perdit pas de temps et courut chercher du secours. Je repris conscience dans une chambre de la ferme. J'aperçus des ombres autour de moi mais fus dans l'incapacité de les reconnaître. J'entendais chuchoter. Un vieux médecin de campagne appelé à mon chevet m'ausculta.

– Les deux poumons sont pris. Il est foutu. C'est une question d'heures.

Dans mon demi-coma, j'avais tout entendu distinctement. Je distinguai ensuite clairement les pleurs de ma sœur, puis je sombrai derrière un voile noir. Une ambulance m'amena à l'hôpital de Villefranche dont le médecin-chef passait pour avoir été un collaborateur. Pendant tout le trajet, une petite voix me susurrait : « Ne lâche pas. Tiens bon. »

À l'hôpital, on m'installa sur un brancard afin de me conduire dans le service de radiographie.

– Je peux y aller tout seul.

Je mis un point d'honneur à descendre l'escalier en titubant. J'étais dans le même état d'esprit qu'au camp où on m'avait dit : « T'es malade, t'es mort. » J'étais affalé sur un siège pendant que le médecin examinait les radios. Il demeura silencieux, me regarda attentivement, puis s'exclama :

– Il est fou, ce toubib. Ce garçon a les poumons clairs

comme de l'eau de roche. Qu'on lui fasse une prise de sang.

C'est au sortir d'un coma de plusieurs semaines que j'appris que j'avais eu le typhus. Ma chambre croulait sous les cadeaux, mais je ne savais qui j'étais ni où j'étais. Une infirmière entra et me souffla, dans un sourire :

– Vous êtes enfin revenu à vous. J'avais fini par croire que c'était de la paresse.

– Qui a apporté tout cela ?

– Votre sœur et ses amis. Vous êtes considéré comme un cas médical ici. Tout le monde veut vous voir. Je vais faire prévenir votre sœur.

Pendant qu'elle parlait, je sentais sourdre en moi une angoisse. « Pourvu qu'ils n'apprennent pas que je suis juif ! » Cette infirmière ne s'occupait pratiquement que de moi. Elle me soignait, me faisait manger, me lavait. Ma sœur et les villageois me firent la fête. Ils m'embrassèrent tant et tant que j'avais l'impression d'être un bonbon acidulé. Un notaire de Villefranche les accompagnait. Son « Je m'occupe de vous » me laissa perplexe. Je me méfiais encore de tous et étais incapable de croire qu'on pût s'intéresser à moi par amitié. Pourtant j'avais trouvé à Liergues une ambiance fraternelle qui aurait déjà dû me réconcilier avec les hommes, mais je ne le pouvais pas, j'étais sans cesse sur mes gardes.

– Un curé veut vous parler.

Ces mots de l'infirmière mirent mes nerfs en éveil.

– Je suis athée. La religion ne m'intéresse pas !

– Écoutez, Georges, je sais tout de vous. Vous avez déliré pendant votre sommeil et avez tout raconté.

– Qu'est-ce que vous savez ?

– Tout. Le camp, vos parents, toutes ces horreurs. Je sais que vous êtes juif, le curé aussi. Il veut simplement vous parler.

– Si cela vous fait plaisir. Qu'il vienne !

C'était un jeune prêtre au visage ouvert et sympathique. Il a su me mettre en confiance par des paroles claires et sans ambiguïté. Il ne venait pas parler religion, mais s'informer sur ce qui s'était réellement passé. Il ressentait le besoin de savoir. Il m'écouta sans mot dire. Progressivement, ses yeux s'abaissèrent et il prit son visage entre ses deux mains comme s'il voulait se retenir de pleurer. J'avais l'impression qu'il changeait aussi de couleur. À la fin il n'en pouvait plus. Il tremblait d'impuissance contenue.

– Nous ne pouvions pas savoir. Permettez-moi de raconter tout cela aux enfants de ma paroisse. Il faut qu'ils sachent. Que tous les enfants apprennent ce qui s'est passé pour que cela ne se reproduise plus jamais.

– Si vous croyez que cela sera utile, faites-le !

– Merci. Oui, ce sera utile, croyez-moi, pour l'avenir.

Avant de quitter la chambre, il se tourna une dernière fois vers moi comme s'il voulait inscrire à jamais mes traits dans sa mémoire. L'infirmière me préparait mes repas car, dans mon état, je n'aurais pas supporté la cuisine de l'hôpital. Nous étions devenus très complices. Ce fut elle qui guida mes premiers pas. Le notaire, lui aussi, continuait de s'intéresser à moi. Il venait fréquemment me visiter, m'interrogeant sur mes projets.

De projets, je n'en avais pas. Je pensais bien au jour où je sortirais de l'hôpital, mais tout était encore très flou dans ma tête. Le brave homme insistait, enfonçait le clou à chacune de nos rencontres :

– Georges, il va falloir penser à votre avenir. D'abord, une bonne convalescence.

– Pas le temps. Je me sens très bien. Je vais remonter à Paris pour trouver du travail.

– Vous n'y pensez pas. Vous tenez à peine debout.

Vous allez vite vous effondrer. Ma fille est Mère supérieure dans un couvent à Lyon. Elle pourrait s'occuper de vous, vous trouver une chambre, le temps que vous récupériez l'appartement de vos parents. Je prendrai en charge tous vos problèmes matériels. Vous ne manquerez de rien.

Tant de bonté me laissait pantois, mais je refusai. Je tenais plus que tout à mon autonomie et ne voulais pas me transformer en un survivant assisté, vivant de la générosité ou de la mauvaise conscience des uns et des autres. Le notaire, qui avait l'âge d'être mon père, repartit déçu.

Au sortir de l'hôpital, je passai quelques jours à Liergues auprès de ma sœur. Là aussi, il y eut une espèce de complot pour me faire rester, mais ma décision était irrévocable. Il fallait que j'affronte à nouveau la vie. Tel en était le prix si je voulais redevenir un homme à peu près normal. Ma sœur comprit que je ne pouvais l'emmener tout de suite avec moi. Le jour de mon départ fut particulièrement triste. Nous avions tous envie de pleurer et luttions contre les larmes qui nous brouillaient les yeux.

Je fis un détour par Lyon. Mes pas se firent lourds dans l'escalier qui menait à l'appartement où nous avions connu l'espoir avant d'être pris. Je n'aurais sans doute pas dû accomplir ce pèlerinage, car le passé me gifla dès que j'aperçus la porte mitraillée, les machines couvertes de toiles d'araignée, une tasse sur une table, les armoires vides et le linge éparpillé sur le plancher. Trente années de travail de mon père. Là. En poussière. Et les ombres, les voix de mes engloutis qui m'entouraient, se lovaient contre moi. Je ressentais leur présence.

J'arrivai anéanti à Paris et m'écroulai quelques jours plus tard. Je fus hospitalisé pour des examens médicaux au Val-de-Grâce, puis dirigé vers une maison de convalescence à Aix-les-Bains. J'y retrouvai nombre d'anciens déportés et des militaires démobilisés. Le personnel médical était particulièrement compétent. Je remontai à la surface et repris goût à la vie. J'allai même au cinéma et fêtai mon anniversaire avec quelques malades en février 1946.

J'aurais dû me reposer encore un an mais je ne pouvais me permettre d'être raisonnable. Il fallait que je fasse venir ma sœur auprès de moi.

Je ne connaissais rien d'une vie dite normale. Ce serait le saut dans l'inconnu avec tous les risques que cela comporterait, car il n'y aurait personne pour me rattraper si je me cassais la figure.

Néanmoins, je regagnai Paris gonflé à bloc et rendis visite à ma seule famille, ma grand-tante qui habitait boulevard Richard-Lenoir. Cette femme hors du commun avait un ressort de brisé en elle depuis que son mari et son fils avaient été fusillés en août 1944 à Lyon. Je percevais un reproche muet dans son regard. J'avais survécu et pas eux. Je ne savais que lui dire. Si nous avions pleuré dans les bras l'un de l'autre, cela nous aurait aidés, mais nous fûmes incapables de nous réconforter. Nos douleurs ne s'additionnaient ni ne se croisaient. Elles demeuraient parallèles l'une à l'autre. Sa fille Édith m'aida, elle, de son mieux malgré la présence d'un mari qu'elle devait porter à bout de bras.

La grand-tante assura un service familial minimum en mettant à ma disposition une chambre de bonne au sixième étage de son immeuble. Six mètres carrés, un point d'eau, un réchaud pour faire chauffer une gamelle, et les toilettes sur le palier. Je nettoyai tout avec acharnement, installai des rideaux. J'étais chez moi et éprouvais même le sentiment d'être bien.

Ma cousine Édith, qui avait une dizaine d'années de plus que moi, prit mes affaires en main.

– Joseph, il faut que tu récupères la boutique de ton père.

– Je suis allé voir place Émile-Landrin. Il y a un papetier maintenant.

– Il partira. Le bail est toujours au nom de ton père. Tu en as hérité. Je vais prendre un avocat.

– Je n'ai pas d'argent pour le payer.

– Tu me rembourseras plus tard.

La procédure fut rapide. Il est vrai que ceux qui avaient spolié les biens des juifs ne bénéficiaient pas de la clémence des tribunaux même s'ils n'avaient fait que profiter, grossièrement et veulement, de la situation sans participer pour autant à la répression antijuive. Jugement en poche, nous précédâmes l'huissier, et nous nous rendîmes dans la boutique de mon père. Le papetier, un petit homme gris à la blouse de la même couleur, le prit d'abord de haut :

– Sortez ! Vous n'avez rien à faire chez moi !

– Chez vous, c'est chez nous ! Foutez le camp !

C'est ce qu'il fit, effectivement, quelques jours plus tard, mais il signa son départ à la manière des médiocres. Il arracha tout ce qu'il put dans le local, y compris les ampoules et les douilles. Il ne restait plus rien, hors la marque de sa haine. La paix l'avait déjà privé de la plupart des bienfaits du marché noir, et voilà maintenant que nous venions récupérer notre bien !

Je ne me laissai pas abattre par la vision de ce champ de bataille. J'installai un lit et des meubles en bois blanc distribués par le ministère de la Reconstruction aux anciens déportés qui repartaient sans rien dans l'existence. Édith, toujours elle, loua un camion de déménagements pour que je rapatrie de Lyon des meubles et, surtout, deux machines, une table de presse et quelques outils. Tout en m'éclairant à la bougie, je m'installai un semblant d'atelier.

Personne ne pleurerait sur mon sort, donc il était inutile que j'aie la larme facile. Il me fallait trouver du travail et ne compter sur personne. Les juifs, pas plus que les autres, n'avaient envie d'écouter mes histoires et de me plaindre. Ils se reconstruisaient avec plus ou moins de bonheur. Je n'avais qu'à les imiter et à me taire. Je m'enfermai un peu plus dans ma coquille et gardai pour moi « mon misérable petit tas de secrets ».

Mon premier emploi, je l'avais trouvé alors que je logeais encore dans ma chambre de bonne. Mon patron était un ami de mon père. Son fils était à Auschwitz avec moi. Lui et sa femme n'arrêtaient pas de m'interroger :

– Dis-nous la vérité, il est mort ?

– Je ne sais pas. Je ne crois pas. Il n'a pas été sélectionné, même après son opération.

Leur fils, en effet, avait subi une appendicectomie à vif. Il s'en était sorti, sans infection, avec une cicatrice énorme. Il finit par revenir, au grand soulagement de ses parents.

J'essayais, malgré la misère, de garder une certaine allure, ou du moins les apparences de celle-ci. Mon unique pantalon, je l'avais tant de fois repassé qu'il ressemblait à un miroir. Lorsque la poussière se déposait dessus, cela faisait satiné. Des copains, parfois, venaient me chercher pour aller danser. Je les accompagnais pour briser un peu le cercle de ma solitude. Ils ne s'apercevaient de rien et n'entendaient même pas mon estomac crier famine, car il m'arrivait plus souvent qu'à mon tour de sauter un repas afin d'économiser quelques sous pour le jour où je pourrais faire venir ma sœur auprès de moi.

Je décidai de me mettre à mon compte, ou plutôt de

travailler pour les autres différemment. La main-d'œuvre manquait, mais la misère régnait chez la plupart des ouvriers des ateliers de couture. Je garde en mémoire ces appartements du XIe arrondissement où ces malheureux travaillaient telles des bêtes de somme dans la pièce même où dormaient leurs gosses.

La prospection se révéla plus difficile que je ne l'avais prévu, car ma maigreur accentuait la jeunesse de mes traits et on ne me faisait pas confiance. Une maison finit par me donner un vêtement à l'essai. Je le montai à la machine, assurai les finitions à la main et le repassai. Mon travail fut examiné sous toutes les coutures.

– C'est impeccable. Dites à votre père de passer pour que nous puissions lui fournir du travail régulièrement. Les bons ouvriers sont rares.

– Mon père est mort. C'est moi qui ai fait ce boulot.

– Ça peut pas aller. Vous êtes trop jeune.

– Je vais avoir dix-neuf ans.

– Désolé. C'est trop risqué de confier de la marchandise à un gosse.

Je pris donc un associé en la personne d'un ancien déporté de sept ans plus âgé que moi. Il assurait le contact avec les patrons contre une commission de dix pour cent. Je pus aménager l'atelier, y réinstaller l'électricité. Il était temps maintenant d'aller chercher ma sœur. Les métayers me supplièrent de la leur laisser. Elle serait mieux avec eux. Ils avaient raison. Je le savais, mais j'avais promis à mon père de m'occuper d'elle.

Nous formions un drôle de couple. Une petite fille trop vite mûrie par les deuils et un jeune adulte qui se débattait avec trop de problèmes. Nous nous sommes installés dans une petite pièce, et je l'ai inscrite à un cours commercial. Elle était douée pour les études. Elle finit pourtant par les abandonner pour prendre en charge à quatorze ans les problèmes de notre vie quotidienne. Il est vrai que je m'épuisais à trouver du ravitaillement, faire la cuisine et travailler. Ma santé, souvent, me trahissait et je restais alors plusieurs jours sur le flanc, incapable d'effectuer le moindre travail. J'avais des difficultés à l'admettre, mais je n'étais plus très résistant.

Je faisais tout dans un désordre indescriptible. Plus je courais, plus j'avais l'impression de me fuir. Je tombais parfois mais me relevais aussitôt. Une rage m'habitait. Exister. Fréquemment, je me disais que, si mon père avait été là, nous aurions été les rois. Seul, que pouvais-je faire de plus de six heures du matin à minuit ?

Je regrettais de ne pas pouvoir sortir plus souvent avec Paulette, ravissante jeune fille de quatorze ans. Un dimanche après-midi, alors que nous marchions avenue de la République, je constatai qu'elle faisait grise mine :

– Qu'as-tu, Paulette ?

– J'ai soif.

– Pas la peine de faire cette tête-là pour ça. On va s'arrêter au *Terminus*.

– Pas la peine. Je veux plus boire.

– J'ai tout de même de quoi te payer un verre.

– Non !

– Je comprends pas. Tu as soif et tu veux pas boire !

– J'ai honte d'entrer dans un café.

– Pourquoi ?

– Tu as vu le manteau que je porte !

J'ouvris enfin les yeux. C'était un manteau mité de la tante que j'avais retaillé. Elle faisait misérable dedans. Nous n'avons pas été boire. J'étais furieux contre moi et la terre entière. Mon père ne m'avait pas confié ma sœur pour que je la traite ainsi. J'allais me battre, et plus jamais elle n'aurait honte. Je changeai de peau ce jour-là. Je devins un autre. C'est alors que je repris contact avec les fournisseurs en tissu qui travaillaient avec mon père avant guerre. La plupart étaient devenus amnésiques, exception faite de M. Victor :

– Ton père, c'était un gros client à moi. Un homme courageux à qui l'on pouvait se fier.

– J'ai besoin de tissu pour me mettre à mon propre compte. Je n'ai pas d'argent, mais vous pouvez me faire confiance.

– En souvenir de ton père, je vais t'avancer une pièce de tissu. De quoi faire vingt manteaux. Tu me paieras quand tu auras tout vendu.

J'avais oublié de lui dire que je n'avais jamais coupé de ma vie. Je crus, pour mon premier manteau, avoir réalisé une substantielle économie de tissu. Seul problème : le manteau était raté. Je ne fis aucun bénéfice avec cette première pièce, mais je la réglai en temps voulu. M. Victor m'en confia alors deux, et ainsi de suite. Nous finîmes par vivre de façon à peu près normale. C'était le début des Trente Glorieuses, et le travail ne manquait jamais à ceux qui, comme moi, ne vivaient que pour lui.

Sans le savoir et sans même le vouloir, je ne pouvais accomplir un acte, prendre une décision, sans en référer à celui qui demeurait l'exemple en tout. Ce père qui n'avait exigé de moi qu'une seule chose. Que je survive afin que la trace de notre famille ne soit jamais effacée. Je n'étais d'ailleurs pas de ces anciens déportés qui avaient pris le parti du silence. Je racontais, chaque fois que l'on m'interrogeait, mais sans plus, car il me semblait que tout n'était pas encore transmissible, recevable. Les jours n'étaient pas encore venus de mettre à nu nos mémoires.

Aubin Imprimeur
LIGUGÉ, POITIERS

Cet ouvrage est imprimé
sur du papier sans bois et sans acide

Achevé d'imprimer en septembre 1997
pour le compte de France Loisirs
123, bd de Grenelle, 75015 Paris
N° d'édition 29081 / N° d'impression L 54633
Dépôt légal, septembre 1997
Imprimé en France